职业院校新能源汽车创新教材

HUNHE DONGLI QICHE GOUZAO YU WEIXIU

混合动力汽车构造与维修

银石立方科技(北京)有限公司 编

人民交通出版社股份有限公司
China Communications Press Co., Ltd.

内 容 提 要

本书详细讲述了混合动力汽车的类型、工作原理、结构特点以及维修应用等基础知识，对混合动力汽车的传递方式、驱动系统、制动系统和转向系统等结构与维修进行了全面系统的论述。同时，以国内常见的混合动力汽车（如丰田普锐斯、宝马X6、本田思域、比亚迪唐、荣威550等车型）为例，结合对车型效果图、结构图、原理图和电路图的详细解释，引导读者对混合动力汽车各系统得以深入了解与掌握。

本书可以作为高等院校、高中职业院校相关专业的教材，也可以作为从事新能源汽车领域的工程技术人员、管理人员和科研人员的参考用书。

图书在版编目（CIP）数据

混合动力汽车构造与维修／银石立方科技（北京）有限公司编. —北京：人民交通出版社股份有限公司，2017.7

ISBN 978-7-114-13911-6

Ⅰ.①混… Ⅱ.①银… Ⅲ.①混合动力汽车—构造②混合动力汽车—车辆修理 Ⅳ.①U469.7

中国版本图书馆CIP数据核字（2017）第128794号

Hunhe Dongli Qiche Gouzao yu Weixiu

书　　　名：	混合动力汽车构造与维修
著 作 者：	银石立方科技（北京）有限公司
责任编辑：	刘　洋
出版发行：	人民交通出版社股份有限公司
地　　　址：	（100011）北京市朝阳区安定门外外馆斜街3号
网　　　址：	http://www.ccpress.com.cn
销售电话：	(010)59757973
总 经 销：	人民交通出版社股份有限公司发行部
经　　　销：	各地新华书店
印　　　刷：	北京鑫正大印刷有限公司
开　　　本：	787×1092　1/16
印　　　张：	11
字　　　数：	211千
版　　　次：	2017年7月　第1版
印　　　次：	2017年7月　第1次印刷
书　　　号：	ISBN 978-7-114-13911-6
定　　　价：	36.00元

（有印刷、装订质量问题的图书由本公司负责调换）

编委会

刘　杰　中华人民共和国教育部职业教育与成人教育司
缑庆伟　北京交通运输职业学院
吕江毅　北京电子科技职业学院
汪赵强　北京信息职业技术学院
贾启阳　天津交通职业学院
孙国峰　山东交通职业学院
景平利　北京汽车技师学院
刘发军　宁波技师学院
钱　伟　浙江交通技师学院
王黎明　山西省工业管理学校
李永富　晋城市中等专业学校
高　武　北京市市政管理高级技术学校
徐湖川　宁波市鄞州职业高级中学
陈　旗　无锡汽车工程中等专业学校
周广春　武汉市交通学校
陈健健　南宁市第四职业技术学校
汤德宝　太原市交通学校
尹振荣　阳泉市交通职业学校
郭　崇　长兴县职业技术教育中心学校
王玉珊　哈尔滨市第二职业中学
李英玉　北京新城职业学校

前言

当前,全球汽车工业正面临着金融危机和能源环境问题的巨大挑战。发展新能源汽车,实现汽车动力系统的新能源化,推动传统汽车产业的战略转型,在国际上已经形成广泛共识。在这种形势下,美国、日本、欧洲等发达国家和地区,不约而同地将新能源为代表的低碳产业作为国家战略选择,都希望通过新能源产业与传统汽车产业的结合,破解汽车工业能源环境制约,培育新型战略性产业,提升产业核心竞争力,发展低碳经济,实现新一轮经济增长。在太阳能、电能等替代能源真正进入实用阶段之前,混合动力汽车因其融合了燃油汽车和电动汽车的优点,成为最具有市场价值的低排放和低油耗汽车,因此研究混合动力汽车对我国汽车行业的可持续发展有重大意义。

本书对混合动力汽车的发展状况、结构特点和维修应用进行了详细的讲解,同时注重图文结合,讲解生动,采用了车型效果图、原理图、电路图和典型车型进行了描述。

由于本书涉及内容新颖,笔者水平有限,书中不足之处在所难免,恳请广大读者批评指正。

编者
2017 年 4 月 7 日

目录 CONTENTS

第一章　绪论 …………………………………………………………………… 1
　第一节　混合动力汽车的定义和分类 ……………………………………… 1
　第二节　混合动力汽车主要车型 …………………………………………… 11
　第三节　混合动力汽车技术分析 …………………………………………… 18

第二章　混合动力汽车的结构与工作原理 …………………………………… 26
　第一节　串联式结构 ………………………………………………………… 26
　第二节　并联式结构 ………………………………………………………… 35
　第三节　混联式结构 ………………………………………………………… 43

第三章　混合动力汽车的主要部件结构 ……………………………………… 58
　第一节　发动机 ……………………………………………………………… 58
　第二节　电动机 ……………………………………………………………… 66
　第三节　动力电池 …………………………………………………………… 72
　第四节　混合动力变速器 …………………………………………………… 76

第四章　混合动力系统的维修 ………………………………………………… 81
　第一节　维修安全注意事项 ………………………………………………… 81
　第二节　混合动力汽车的常见维修程序 …………………………………… 89
　第三节　典型混合动力系统的维修 ………………………………………… 93

第五章　混合动力汽车制动系统的构造与维修 ……………………………… 111
　第一节　混合动力汽车制动系统 …………………………………………… 111
　第二节　宝马 X6 混合动力制动系统的构造与维修 ……………………… 114
　第三节　丰田普锐斯混合动力制动系统的构造与维修 …………………… 120

第四节　本田思域混合动力制动系统的构造与维修 …………………… 132

第六章　混合动力汽车转向系统的构造与维修 ………………………………… 141

　　第一节　混合动力转向系统技术 ………………………………………… 141

　　第二节　丰田普锐斯电动转向系统的构造与维修 ……………………… 150

　　第三节　本田思域混合动力转向系统的构造与维修 …………………… 158

参考文献 ………………………………………………………………………… 169

第一章 绪 论

随着石油供应的日趋紧缺和环境污染的日益加剧,世界各国积极寻求代用燃料或者减少燃油的消耗量,大力开发新型节能环保型汽车。在太阳能、电能等替代能源真正进入实用阶段之前,混合动力汽车凭借其节能、环保的优点,日渐成为业界关注的焦点。2012年4月,国家出台《节能与新能源汽车产业发展规划(2011—2020)》,其中提到"要以快速降低汽车燃料消耗量为目标,大力推广和普及非插电式混合动力汽车、节能内燃机车"。在新能源汽车的发展道路上,混合动力车作为最具产业化条件的新能源汽车,是解决我国能源困局最现实有效的途径。

第一节 混合动力汽车的定义和分类

一、混合动力汽车的定义

混合动力汽车(Hybrid Electric Vehicle,HEV)是指同时配备电力驱动系统和辅助动力单元(Auxiliary Power Unit,APU)的电动汽车(图1-1)。其中APU是燃烧某种燃料的原动机或由原动机驱动的发电机组。

从广义上讲,在特定工作条件下,由两种或两种以上的蓄能器、能源或能量转换器作驱动能源,其中至少有一种能提供电能的车辆称为混合动力电动汽车。从狭义上讲,既有发动机又有电动机驱动的车辆才称为混合动力电动汽车,即通常所说的燃料(汽油、柴油等)和电能混合的油-电混合动力汽车。狭义的混合动力电动汽车概念将液压蓄能式混合动力汽车与由不同电蓄能器组成的电-电混合动力汽车区别开来。

国际电子技术委员会对混合动力车辆的定义为:在特定的工作条件下,可以从两种或两种以上的能量存储器、能量源或能量转化器中获取驱动能量的汽车。其中至少一种存储器或转化器要安装在汽车上。混合动力电动汽车至少有一种能量存储器、能量源或能量转化器可以传递电能。串联式混合动力车辆只有一种能量转化器可以提供驱动力,并联式混合动力车辆则有多种能量转化器提供驱动力。

图 1-1 混合动力电动汽车

二、混合动力汽车的优势

混合动力汽车在实际应用中与其他汽车相比具有以下几点优势：

（1）有效增加汽车功率的输出，还有效减少了汽车的耗油量，符合节能降耗社会经济发展的要求及需求。

（2）混合动力汽车很多都是使用电能来实现对大功率内燃机功率不足的补充，即保证了行程又实现了电能的循环使用。

（3）可以完全使用电池驱动混合动力汽车在市中心人流量大的地方行驶，实现有害气体在城市中的"零排放"。

（4）当没有能源驱动汽车行驶时，可以到附近的加油站进行加油，再继续行驶，减少新加油站建设的投资费用。

三、混合动力电动汽车的发展历史

世界上第一辆混合动力电动汽车是在 1898 年由德国工程师费迪南德·保时捷（Ferdinand Porsche）设计制造的，曾在 1900 年的巴黎万国博览会上展出（图 1-2）。该车底盘和车身为木制，无变速器，在前轮上配备了电动机。电动机功率为 2.5kW，配备 80V 的铅酸蓄电池，可短时输出最大 5.1kW 的功率。整车质量为 980kg，最大时速为 58km/h，能够连续行驶约 3h。

图 1-2 所示为第一辆混合动力汽车的原型车 Semper Vivus,后来虽然很多汽车设计师都投入到了混合动力汽车的研发中,但是由于售价、续航里程、整车质量、体积多方面原因,那个时代并没有多少人真正使用混合动力汽车,混合动力汽车也因此陷入了发展桎梏期。

在混合动力技术的奠基者中,还应该记住的一个名字是亨利·皮珀,他是一位德国工程师和发明家。他在 1902 年左右发明了并联式混合动力汽车,甚至开发出了配套的早期动力管理系统(图 1-3)。亨利·皮珀将这一成果授权一家比利时汽车公司 Auto-Mixed 生产,在 1906~1912 年推出一系列车型,如 3.5hp 的 Voiturette(1hp = 745.7W)。但在亨利·皮珀去世后 Auto-Mixed 被另一家公司收购。

图 1-2　混合动力电动汽车的原型车 Semper Vivus　　　　图 1-3　并联式混合动力汽车

1915 年,大西洋另一边的北美大陆上也出现了一家颇具超前性的汽车制造商:Owen Magnetic。这家公司专门生产混合动力车型,采用串联式混合动力。在 1915 年纽约车展上,Owen Magnetic 的 6 缸混合动力车型首次与公众见面,由于主顾中包括一些世界名流,如爱尔兰、意大利的男高音歌唱家约翰·麦考马克和恩里克·卡鲁索,这个品牌很快就变得广为人知,可以说是早期"明星营销"的成功典范之一。Owen Magnetic 一直生产到 1921 年,他们的最后一款产品是 Model60 Touring(图 1-4)。

图 1-4　1921 年,Owen Magnetic Model 60 Touring

在同一时期,另一家电动车制造商,芝加哥的伍兹汽车公司也生产混合动力车型。1916 年伍兹公司宣称他们的混合动力汽车最高车速可以达到 56km/h,百公里油耗 4.9L(图 1-5)。但与燃用汽油的对手相比,混合动力汽车始终存在价格昂贵和动力偏弱的问题,很快被淹没在汽油机汽车的汪洋大海中。以 1913 年美国市场为例,电动车加混合动力汽车共销售了6000辆,而采用汽油发动机的福特T销售了182809辆。从20世纪20年代开始,混合动力汽车进入了一个近40年的静默期。

1952年12月,在美国洛杉矶的一次光化学烟雾事件中,65岁以上的老人死亡400多人,美国政府因此意识到大气污染的危害;1966年,美国国会公开倡导使用纯电动汽车或者油电混合动力汽车;随后,美国开始逐步研发混合动力车以及纯电动车型。著名的代表便是通用的EV1纯电车型(图1-6),随后的日子里面,新能源市场保持着缓慢的发展。这种状况一直到了1997年,丰田在日本推出了第一代普锐斯(图1-7)。

图1-5　1916年Owen Magnetic的0-36混合动力汽车

图1-6　通用EV1纯电车型

与此同时,其他国家的各大汽车制造商也都在进行新能源领域的尝试。德国奥迪汽车公司在1989年展出了在奥迪100 Avent Quattro基础上研发的duo实验车(图1-8),由12.6hp的电动机驱动后轮,能量来自可充电的镍镉电池,136hp的2.3L5缸汽油机驱动前轮。奥迪duo的尝试一直持续到1997年,基于A4 Avent的第三代duo正式量产(图1-9),使奥迪成为第一家生产现代混合动力车的欧洲厂商,但这款车型并未得到市场认可而最终停产。BMW则在1991年推出了电动概念车E1,同年日产也发布了他们的电动概念车FEV(Future Electric Vehicle)。

图1-7　丰田第一代普锐斯

图1-8　1989年奥迪第一代混合动力实验车duo

福特在1998年也拿出了纯电动皮卡Ranger EV(图1-10),到2002年停产共生产了1500

辆。2000年左右，美国政府考虑到了各种情况（石油资源、石油企业利益等），最终干预加州政府，使其不再对纯电动车补贴，失去补贴的电动车由于成本过高，销量也一落千丈，通用此后直到2006年都没有再通过新的新能源项目。

图1-9　1997年基于A4Avent的第三代duo正式量产

图1-10　福特纯电动皮卡Ranger EV

混合动力电动汽车的大批量生产是在1990年以后，最具代表的车型是丰田公司生产的普锐斯（Prius）及本田公司生产的Insight。1997年12月，日本丰田公司推出了世界上第一辆量产的混联式混合动力轿车普锐斯。与同类型轿车相比，其燃油经济性和排放性得到大大提高。2001年，丰田公司推出了第二代普锐斯。2005年，与我国第一汽车集团公司的合作，第二代普锐斯开始在国内销售。2009年，丰田公司推出了普锐斯第三代产品。此外，丰田公司还在几款有良好声誉的品牌车型上开发了混合动力类汽车，如RAV4、皇冠、雷克萨斯、凯美瑞等。到2011年2月，丰田公司的混合动力汽车全球累计销售突破300万辆。其中最成功的车型是普锐斯，约占全部销量的70%。

1998年，本田公司推出了轻度混合动力汽车Insight，成为第一个成功在北美销售的混合动力车型。几乎与丰田公司同步，本田公司相继推出Insight的第二代和第三代产品，且其混合动力技术相继移植到Civic等车型，已发展到第四代混合动力技术。到2011年初，Insight累计销售量突破10万辆，占其全部电动汽车销量的1/3以上。

看着丰田混合动力汽车在美国以及世界范围内的成功，其他厂商也不甘落后。2005年，福特在北美车展上发布了Fusion hybrid原型车（图1-11），并且在2008年的洛杉矶车展上正式发布了第一代的Fusion hybrid车型，当时也是为数不多的混合动力车型。2007年的北美车展上，通用展示了雪佛兰沃蓝达的概念车，并且在2010年进行了量产，当时是第一家量产出增程式混合电动车的厂家。

图1-11　福特Fusion hybrid

我国很早就开始关注新能源车型，早在2001年便启动了863专项计划，用于研发设计纯电、混合动力以及燃料电池车。在国家"863"计划电动汽车重大专项的资助和企业的推动下,我国各汽车公司都在开发自主品牌的混合动力汽车,但离量产、销售和大规模使用还有很长的距离。较为成功的混合动力品牌主要有东风汽车公司的 EQ6123HEV 混合动力客车、福田汽车公司的欧V混合动力客车、比亚迪汽车公司的 F3DM 和 F6DM 双模电动轿车、上海汽车集团股份有限公司的荣威混合动力轿车、奇瑞汽车股份有限公司的 A5 混合动力汽车、长安汽车股份有限公司的杰勋混合动力汽车等。

2010 年,国家正式出台个人购买新能源车补贴政策,加新能源上牌指标等诱惑力巨大的政策,直接激发了国内的新能源车市场,新能源车销量猛增。由于国家政策向插电式混合动力车以及纯电动汽车倾斜,普通混合动力车型国家并没有过多的优惠,所以导致国内目前自主品牌的新能源车多是插电式以及纯电动汽车。而国内的普通混合动力汽车则因为没有财政补贴,价格偏高,市场表现平平淡淡。

四、混合动力电动汽车的分类

根据不同的分类方法,可以分为不同的混合动力电动汽车。通常的分类方法主要有四种。

1. 根据发动机和电动机的能量流动及连接关系分类

按照发动机与电动机的能量流动及两者在结构上的连接关系,可以将混合动力电动汽车分为串联式、并联式和混联式三类(表 1-1)。

混合动力电动汽车的分类　　　　表 1-1

项目	并联混合动力	串联混合动力	串联·并联混合动力
结构举例	发动机、电池、转换器、变速器、电动机/发电机	发动机、电池、转换器、发电机、电动机	发动机、电池、转换器、发电机、动力分割机构、电动机
能量流向	发动机→变速器、电池→电动机	发动机→发电机→电动机→车轴,电池→电动机	发动机→动力分割机构→车轴,变速器→电池→电动机→车轴
特征	根据工况选择电动机驱动、发动机驱动,运行车辆	发动机进行准稳定行驶时高效发电,用电动机驱动的搭载发电机的 EV	具有同时把发动机驱动力通过机械动力进行传输的路径以及通过发电以电气进行传输的路径,将两者最有效的结合实现运行

1) 串联式混合动力电动汽车

串联式混合动力电动汽车(Series Hybrid Electric Vehicle,SHEV)的驱动方式如图1-12所示。发动机带动发电机发电,其电能通过传输线路及控制器直接输送到电动机,由电动机产生驱动力矩驱动汽车。

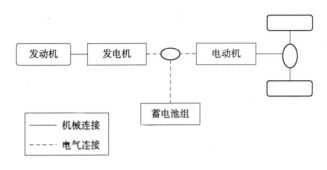

图1-12 串联式混合动力电动汽车的驱动方式

2) 并联式混合动力电动汽车

并联式混合动力电动汽车(Parallel Hybrid Electric Vehicle,PHEV)的驱动方式如图1-13所示。汽车可由发动机和电动机共同驱动或各自单独驱动。当电动机只是作为辅助驱动系统时,功率可以比较小。

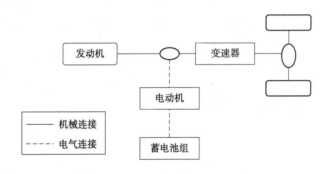

图1-13 并联式混合动力电动汽车驱动方式

3) 混联式混合动力电动汽车

混联式混合动力电动汽车(Series and Parallel Hybrid Electric Vehicle,SPHEV)有时也称为复杂混合或复合混合动力电动汽车(ComplexHybrid Electric Vehicle,CHEV),其驱动方式如图1-14所示。混联式混合动力电动汽车的驱动系统是串联式与并联式的综合。发动机输出的功率一部分通过机械传动输送给驱动桥,另一部分则驱动发电机发电。发电机输出的电能输送给电动机或电池。电动机产生的驱动转矩通过动力合成装置传送给驱动桥。

2. 按照外接充电能力分类

根据主要动力源是发动机还是电动机以及是自身补充能量还是使用电网充电,可将混合动力电动汽车分为两类。

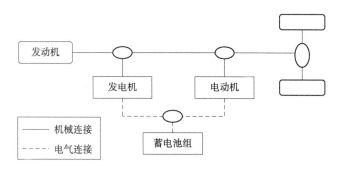

图 1-14　混联式混合动力电动汽车的驱动方式

（1）不可外接充电型混合动力电动汽车（non plug-in hybrid electric vehicle），一种被设计成在正常使用情况下从车载燃料中获取全部能量的混合动力电动汽车。

（2）插电式混合动力汽车（plug-in hybrid electric vehicle），一种被设计成可以在正常使用情况下从非车载装置中获取能量的混合动力电动汽车。

仅当制造厂在其提供的使用说明书中或者以其他明确的方式推荐或要求定期进行车外充电时，混合动力电动汽车方可认为是"可外接充电"的。仅用来不定期的储能装置电量调节而非用作常规的车外能量补充，即使有车外充电能力，也不认为是"可外接充电"的车型。

插电式混合动力汽车又可以分为：EV 主导型和 HV 主导型（图 1-15）。

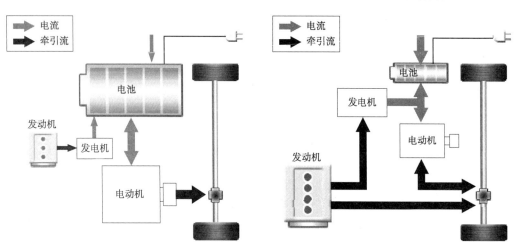

图 1-15　插电式混合动力汽车

插电式混合动力汽车，简单说就是介于电动车与燃油车两者之间的一种车，既有传统汽车的发动机、变速器、传动系统、油路、油箱，也有电动车的电池、电动机、控制电路。而且电池容量比较大，有充电接口，因此节油率可达 70%。

与不可外接充电型混合动力电动汽车相比，插电混合动力汽车电池容量更大，可以支持行驶的里程更长。如果拥有较好的充电条件，插电混合动力汽车不用加油就可满足日常出行，当作纯电动车使用,具有电动车的优点。与纯电动车相比,插电混合动力汽车电池容量要小很多,但是带有传统燃油车的发动机、变速器、传动系统、油路、油箱。在无法充电的时候,只要有加油站就可以一直行驶下去,行驶里程不受充电条件的制约,又具有燃油车的优势。

3. 根据发动机和电动机的功率大小及混合程度分类

按照发动机与电动机的额定功率及混合程度,可以将混合动力电动汽车分为微度混合、轻度混合和深度混合三类(图1-16)。

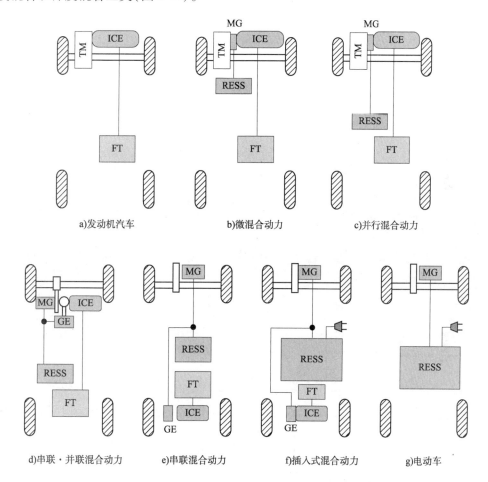

图1-16 按内燃机和电动机的混合程度分类

ICE-发动机(Internal Combustion Engine);RESS-可再补充式能量存储系统(Rechargeable Energy Storage System);
FT-油箱(Fuel Tank);TM-变速器(Transmission);MG-电动机/发电机(Motor/Generator);GE-发电机(Generator)

(1)微度混合动力电动汽车。微度混合动力电动汽车(Micro Hybrids)也称为起-停(Stop-Start)混合动力电动汽车。在微度混合动力电动汽车中,电动机仅作为发动机的起动机或发电机使用,不为汽车行驶提供持续的动力,通常是在传统发动机的起动电机(一般为12V)上加装传动带驱动起动电机(即Belt-altemator Starter Generator,BSG)。该电机为发电/起动一体式电动机,用来控制发动机的起动和停止,从而取消发动机的怠速,降低了油耗和排放。

（2）轻度混合动力电动汽车。轻度混合动力电动汽车（Mild Hybrids）也称为辅助驱动混合动力电动汽车。与微度混合动力电动汽车相比，在驱动车辆的两种动力源中，电池/电动机功率所占的比例增大，发动机功率所占的比例相对减少。通常，此种混合动力系统采用集成起动电机（即 Integrated Starter Generator，ISG，或 Integrated Motor Assist，IMA），车辆以发动机为主要动力来源。辅助电机被安装在发动机和变速器之间，作为辅助动力源与主要动力相连，当行驶中需要更大的驱动力时，被用作电动机；当需要重新起动发动机时，被用作起动机；在减速制动，进行能量回收时，被用作发电机。

（3）深度混合动力电动汽车。深度混合动力电动汽车也称为全面混合（Full Hybrids）或强混合（Strong Hybrids）动力电动汽车。深度混合动力电动汽车通常采用大容量电池，以供给电动机以纯电动模式运行，同时还具有动力切换装置，用于发动机、电动机各自动力的耦合和分离。在起步、倒车、起步-停车、低速行驶等情况下，车辆可以纯电动模式行驶在急加速时，电动机和发动机一起驱动车辆，并具有制动能量回收的能力。与轻度混合动力电动汽车相比，在驱动车辆的两种动力源中，电动机的功率更大。

4. 根据车辆所使用的动力电池、驱动电动机及发动机的不同分类

根据所用动力电池的不同，混合动力电动汽车可分为铅酸电池混合动力电动汽车、锂电池混合动力电动汽车、镍氢电池混合动力电动汽车、飞轮电池混合动力电动汽车、超级电容混合动力电动汽车。

根据车辆使用的驱动电动机类型，混合动力电动汽车又可以分为直流电动机混合动力电动汽车、交流异步电动机混合动力电动汽车、永磁电动机混合动力电动汽车、开关磁阻电动机混合动力电动汽车。

根据车辆所使用的发动机类型，混合动力电动汽车还可以分为汽油机混合动力电动汽车、柴油机混合动力电动汽车、涡轮机混合动力电动汽车、混合燃料混合动力电动汽车。

按电池、电动机和外部充电进行整理如图 1-17 所示。

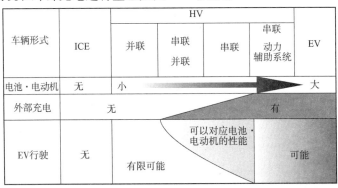

图 1-17　按电池、电动机和外部充电整理

第二节　混合动力汽车主要车型

一、国内混合动力汽车主要车型

传统汽车领域,我国与发达国家始终存在很大差距,而在纯电动汽车领域,几乎处在相同起跑线上,这对于我国汽车行业是一个实现赶超的契机。混合动力汽车是从传统汽车向纯电动汽车的过渡车型,因此我国十分重视混合动力汽车的基础与工程应用研究。

早在10年前,国家就组织相关部门进行校企联合合作研究,确立了燃料电池汽车(FVEV)、混合动力电动汽车(HEV)和纯电动汽车(BEV)3个重点研究方向,又确定了动力控制系统、驱动控制系统和电池及其控制系统3个研究重点,并且国家"863"计划中明确包含要突破混合动力汽车一些关键技术难点,在这种有利情况下,我国混合动力汽车的一些重大发展与创新是可以预见的。

国产有代表性的先进的混合动力汽车如下。

1. 比亚迪秦

比亚迪秦(图1-18)配备有1.5Ti的缸内直喷先进发动机,峰值功率达到了113kW/5200r/min,峰值转矩为240N·m/(17500~3500r/min),由比亚迪自主开发生产的13kW·h

图1-18　比亚迪秦

铁电池组可以给驱动电机提供的峰值功率为110kW。发动机和电池组二者同时工作时,输出的最大功率达到了217kW,最大转矩为440N·m。当转换为纯电动驱动模式时,比亚迪秦的续航里程达到了70km,在仪表板上有电量显示,充电口设置在行李舱,充电时,打开行李舱就可以在充电站充电(图1-19),也可以选用民用电(220V)充电。

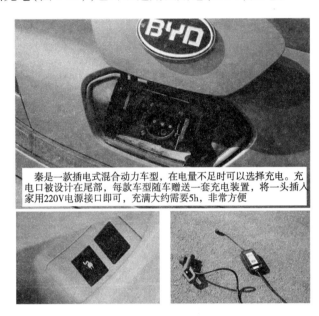

图1-19 比亚迪秦充电口

比亚迪秦在一般工况下驱动动力由蓄电池提供给电动机,然而在能耗比较大的工况下,如加速爬坡时,它的发动机能够起动并驱动汽车,因此可以提供足够的动力。在制动时,制动能量可以以电能方式储存在动力电池组中,一般行驶状况下,90%使用纯电模式,10%使用燃油模式。

2. 上汽荣威550PLUG-IN

荣威550PLUG-IN(图1-20)车型许多关键技术均是由上汽自主研发。动力方面,荣威550 PLUG-IN 由一台1.5L汽油发动机、起动发电一体机(Integrated Starter Generator)以及牵引电机(Traction motor)三大部分构成。

该车具有智能控制策略,能够根据行驶状况来自发调节动力输出源,以求得在经济性和动力性上的平衡,其最大综合输出功率为148kW,最大转矩可达588N·m。

外观方面,荣威550PLUG-IN 整车长宽高分别为4648mm、1827mm、1479mm,轴距达到2705mm,前脸造型饱满有力,FLYING-WING 双翼飞翔式镀铬格栅给人以现代之感,LED 车灯技术同时带来了良好的视觉效果(图1-21)。

内饰方面,荣威550PLUG-IN 运用了更多曲线及柔和的处理方式,看起来更加流畅自然;内饰采用木纹装饰,颜色匀称。后排座椅空间宽敞,座椅柔软舒适(图1-22)。

图 1-20　荣威 550PLUG-IN

图 1-21　荣威 550PLUG-IN 外观

图 1-22　荣威 550PLUG-IN 内饰

3. 长安杰勋

长安汽车建成了国内首条自主研发的混合动力汽车生产线，杰勋的发动机排量为1.6L，是在JL475Q1基础上对电喷及进排气系统进行过改良设计的，最大功率和转矩分别可以达到72kW和141N·m；它所采用的蓄电池是金属氢化物镍蓄电池，工作电压达到146V；同时它采用永磁同步内转子电机，能够为发动机额外提供12kW的功率和69N·m的转矩（图1-23）。但是，其装备的电机无法独自驱动汽车前进，就是说其任何工况下都需要发动机的驱动输出，所配有的电机只是在特殊工况下起辅助作用，所以，它仍然属于轻度混合动力汽车。

a)

b)

图 1-23　长安杰勋

二、国外混合动力汽车主要车型

目前,美国、日本和德国在混合动力汽车的研究领域处于领跑地位,这也与上述国家对混合动力汽车的大力支持密不可分,以美国为例,众多创新电动车企(如 Tesla 等)在 6 年前就从政府两次获得多达 104 亿美元的低息贷款,用以研究混合动力及纯电动汽车。正因如此,现今美国国内混合动力汽车的市场占有率已经达到 3.5%。日本与美国相比,也十分重视混合动力汽车的研究,国内混合动力车市场占有率达到了 11%,丰田普锐斯也是世界上技术最成熟、认可度最高的混合动力汽车之一,总销售量已达到了 100 万辆。国外有代表性的先进的混合动力汽车如下。

1. 通用君越 ECO-HYBRID

通用君越 ECO-HYBRID(图 1-24)装备了 2.5LECO 智能先进发动机,同时选用了镍氢蓄电池驱动的电机辅助系统。在一些高能耗工况如加速爬坡等情况下,电动机能够适时给予发动机必要的辅助动力,达到节能减排的目的;但在能耗相对较低的情况下,发动机会给蓄电池组进行自动充电。该汽车还带有制动能量回收系统,所回收能量也存储在电池组中。通过测试,该款混合动力汽车的综合油耗减少了近 16%,由原来的 9.8L/100km 减少到 8.2L/100km,等速(90km/h)百公里油耗低至 5.5L。

a)

b)

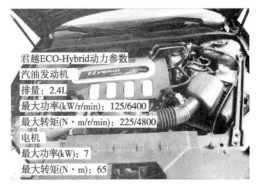

c)

图 1-24 通用君越 ECO-HYBRID

2. 丰田普锐斯(新款)

新款普锐斯(图1-25)发挥了油电混合动力系统的几大优点(低油耗、强动力、低噪声和低排放)。在外形上,风阻系数低至0.25左右,百公里等速油耗在4.3L左右。0.25的风阻系数,不仅降低了油耗,更有利于控制噪声,即便在高速行驶时,混合动力技术也可以把内燃机的转速控制在一个相对低的范围里,以此来保持行驶过程的低噪声。它还可以以纯电动模式驱动行驶,此时,发动机不工作,这也有效减少了噪声污染,在此情况下也同时实现了尾气的"零排放"。

动力方面,新普锐斯采用了搭载了1.8L发动机(图1-26),相比老款的1.5L发动机,最大功率从57kW提升至73kW。发电机也做了改进,电机输出功率从上一代的50kW提升至60kW。另外,在提升发电机功率上冷却废气再循环和余热再循环系统也有所改进。

图1-25 丰田普锐斯(新款)

图1-26 丰田普锐斯1.8L发动机

3. 雷克萨斯 RX450h

雷克萨斯RX450h(图1-27)采用了内燃机与电池组——电动机系统配合工作,二者同时工作可以输出183kW的最大功率和317N·m的峰值转矩。3.5LV6汽油发动机和前置电动机产生的动力通过行星齿轮无级变速器输送至驱动轮,从而消除了不同传动比之间的差值。该变速器使用了两组行星齿轮。动力分离装置将发动机输出的动力分成两路:一路用来驱动车轮;另一路驱动发电机,从而使其发挥发电机的作用。电动机的减速装置降低前电动机的转速,从而增加转矩。

4. 宝马 X6

作为宝马的第一款混合动力车型,宝马 X6 混合动力版可依靠全电动驱动模式行驶,在这种情况其最高时速可到 60km/h(图 1-28)。此外该车还应用了双模式的主动式变速器,其为一款 7 速自动变速器,但可根据驾驶人的需求转变成为手动模式。发动机所输出的功率将通过全轮驱动系统向外传输。

宝马 X6 混合动力汽车将搭载一款双涡轮增压 V8 发动机(图 1-29),其输出功率为 400hp(约合 298kW),与之相匹配的为输出功率分别为 91hp(约合 68kW)和 86hp(约合 64kW)的两台电动机。整套系统的最大输出功率为 480hp(约合 358kW),峰值转矩为 575 lb-ft(约合 780N·m)。从静止加速到 97km/h 所需要的时间为 5.4s,电子最高限速可达 130mile/h(约 209km/h)。

a)

b)

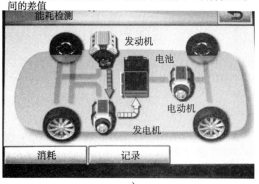

c)

图 1-27 雷克萨斯 RX450h

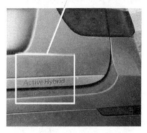

X6混动尾部也与常规版本没有什么差别，不过行李舱盖装饰哑光银色饰条上的混动标识也没有掩盖他的混动身份

图 1-28　宝马 X6

全新宝马X6将搭载一款双涡轮增压V8发动机，其输出功率为400hp(约合298kW)，与之相匹配的为输出功率分别为91hp(约合68kW)和86hp(约合64kW)的两个电动机

图 1-29　宝马 X6 搭载双涡轮增压 V8 发动机

5. 奥迪 Q5 hybrid quattro

奥迪 Q5 hybrid quattro(图 1-30)的混合动力系统为强混系统，由 2.0 TFSI 发动机和电动机采用直列排列、并联连接的方式安装，形成了强劲的混合式动力总成，能够实现 180kW 的总系统输出功率和 480N·m 的最大转矩。

在外观尺寸方面，奥迪 Q5 hybrid quattro 与普通版奥迪 Q5 基本一致，只是细节方面增加混动标识。

奥迪 Q5 hybrid quattro 结构及主要性能如图 1-31 所示。

图 1-30 奥迪 Q5 hybrid quattro

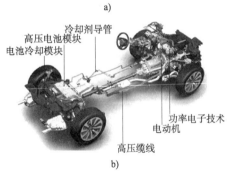

图 1-31 奥迪 Q5 hybrid quattro 结构及主要性能

第三节 混合动力汽车技术分析

一、各国混合动力车型数量及类型的统计

本次共统计国内外混合动力车型共计 89 款,主要对其混合动力结构进行调查。从图 1-32可以看出,各个地区的混合动力车型构成都不相同。每个主机厂会根据其国家政策和自身的优势开发出独特的混合动力结构和技术。其中,实现真正意义上量产的车型还主要集中在美国和日本的汽车制造商中。

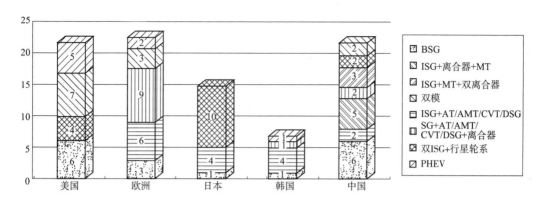

图 1-32 截至 2010 年世界主要国家混合动力车型统计表

从图 1-33 中可以看出全部车型中汽油混合动力占有车型的 76%，占主要地位，并且这些柴油混合动力车型中绝大多数来自欧洲。图 1-33b) 中表现的是不同排量发动机在整体中所占的比例。

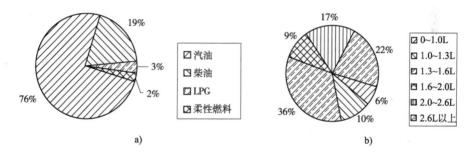

图 1-33 混合动力车型所占比例

二、各国混合动力汽车的技术路线

各国混合动力汽车的技术路线见表 1-2。

各国混合动力汽车的技术路线　　　　　　　　表 1-2

地区	发展趋势	代表车型	混合动力结构	发动机类型	发动机功率 (kW)	电机功率 (kW)
美国	(1) 汽油混合动力为主；(2) 大排量汽车为主	君越 EcoHybrid	BSG-弱度混合动力系统	汽油 2.4L	123	3
		福特 Escape SUV	双 ISG + 行星轮系	汽油 2.3L	97	70
		凯迪拉克 Escalade	双模	汽油 6.0L	248	—
		通用 Volt	PHEV（串联式）-插电式混合动力系统	柔性燃料 1.0L	—	—

续上表

地区	发展趋势	代表车型	混合动力结构	发动机类型	发动机功率（kW）	电机功率（kW）
欧洲	(1)柴油混合动力车型居多；(2)小排量混合动力车型为主	雪铁龙C2、C3	BSG-弱度混合动力系统	汽油1.4L	—	—
		BMW X5	ISG + AT	柴油2.0L	150	15
		S400 BlueHybrid	ISG + AT	汽油	205	15
		雪铁龙C4	BSG + ISG + AMT + 单离合器	柴油1.6L	66	23
日本	以THS和IMA汽油混合动力系统为主,避免柴油机开发	丰田Prius	双ISG + 行星轮系-重度混合系统	汽油1.5L	57	50
		本田Civic	ISG + CVT-中度混合动力系统	汽油1.3L	70	15
中国	(1)汽油混合动力为主；(2)BSG、中混、强混比例相等,趋势不明显	比亚迪F6DM	双模-插电式混合动力系统	汽油1.0L	50	50
		奇瑞A3	ISG + MT + 双离合器	柴油1.3L	60	10
		长安杰勋	ISG + MT + 单离合器	汽油1.5L	75	15
		上汽荣威750	ISG + AT	柴油1.8L	118	28
		一汽奔腾B70	BSG + ISG + AMT + 单离合器	汽油1.5L	67	20

1. 美国

美国作为全世界最大的混合动力市场,截至2011年5月,累计市场销量已突破200万辆。从1999~2012年5月,混合动力轿车及SUV车型总销量达到2303825辆,其中丰田普锐斯系列车型销量为1175034辆,占51%的市场份额(图1-34)。

美国混合动力汽车研发统计情况如图1-35所示。

从美国三大汽车制造商混合动力汽车投放市场的情况来看,混合动力汽车量产车型正在逐年增多。尤其是受到美国政府政策影响,在2010年以后有一部分PHEV车型投入市场。在其他混合动力汽车方面,2008年,通用的君越BSG混合动力汽车已经投入市场。在2009年,通用汽车有3款配备该系统的新车型投入市场。同时,通用汽车还将量产其他5款双模式混合动力汽车。而福特则主要以双ISG + 行星轮系结构的汽油强混车型为主,其Escape和Mariner这两款混合动力汽车SUV已经累计销售超过10万辆。

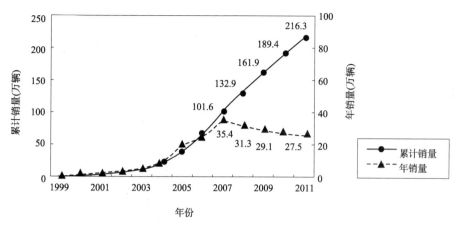

a) 美国混合动力轻型车年度销量

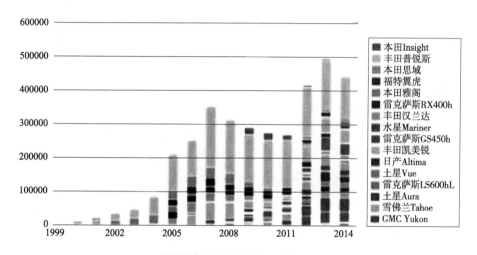

b) 部分混合动力汽车在美国的销售情况

图1-34 美国混合动力汽车市场销量

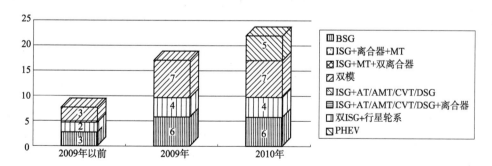

图1-35 美国混合动力汽车研发统计情况

美国混合动力车型特点：

（1）以中、高级轿车或SUV等大排量汽车为主。

（2）绝大多数为汽油混合动力，并且混合动力模式以强混为主。

2. 欧洲

在欧洲,混合动力汽车销量从 2004 年的 9000 辆左右升至 2006 年的 4 万辆。2011 年,丰田混合动力汽车销量约为 8.5 万辆,到 2012 年 1 月丰田汽车在欧洲累计销售了 40 万辆混合动力车型。

2007~2011 年欧洲主要国家混合动力汽车销量如图 1-36 所示。

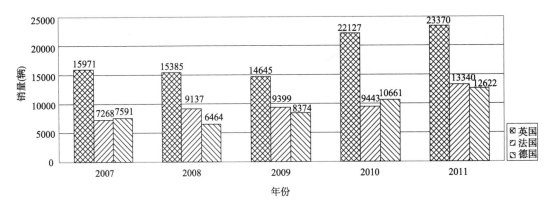

图 1-36　2007~2011 年欧洲主要国家混合动力汽车销量

由于欧洲致力于发展高效能柴油机,所以到目前为止投入市场的混合动力汽车主要以 BSG 形式为主。但从各厂家车展展出车型的趋势来看,以小型柴油机加上中、强混合动力系统从而达到更高的动力性和燃油经济性的车型应该会在未来市场中占据主要地位。

欧洲混合动力车型特点:

(1) 混合动力车型中柴油车占半数以上。

(2) 绝大多数发动机排量都在 2.0L 以下。

欧洲混合动力汽车研发统计如图 1-37 所示。

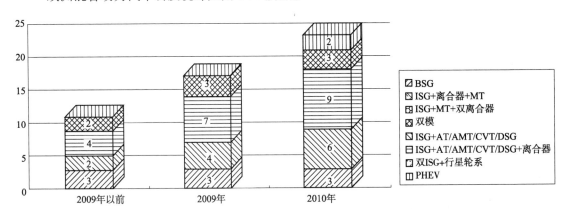

图 1-37　欧洲混合动力汽车研发统计

3. 日本

日本混合动力汽车研发统计如图 1-38 所示。

日本混合动力汽车制造主要为丰田和本田，所以日本的混合动力车型也以丰田的 THS 混合动力系统和本田的 IMA 混合动力系统为主。同时，丰田公司称其正在进行 Prius PHEV 车型的研发。

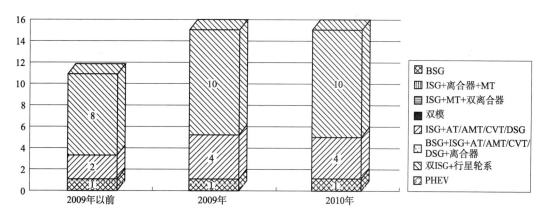

图1-38　日本混合动力汽车研发统计

日本的混合动力汽车市场特点是以发展汽油混合动力汽车为核心，以汽油混合动力汽车代替柴油汽车从而达到减少 CO_2 的目标。

4. 韩国

韩国混合动力汽车主要以现代公司的"Blue Drive"技术和 LG 公司研发的锂离子电池为主。发动机形式以汽油和液化石油气为主。

韩国混合动力汽车研发统计如图1-39所示。

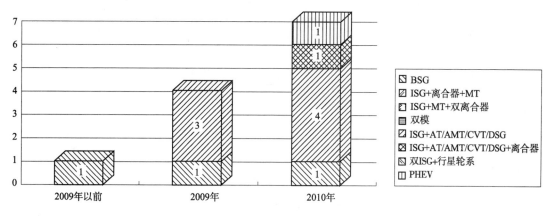

图1-39　韩国混合动力汽车研发统计

5. 中国

我国混合动力技术呈多元化发展，BSG、中混、强混各占1/3。目前长安杰勋、比亚迪双模、奇瑞BSG等车型都已经上市。但从发动机燃料类型上比较，除奇瑞和上汽有2款柴油混合动力外，其余均为汽油混合动力。同时国内混合动力车型的特点是手动变速器车型居多。

我国混合动力汽车研发统计如图 1-40 所示。

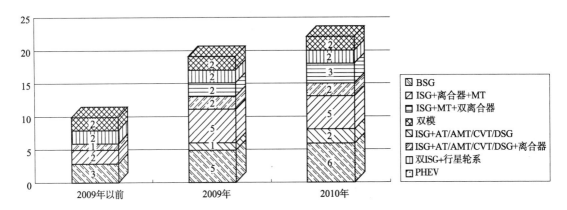

图 1-40 我国混合动力汽车研发统计

三、混合动力汽车的节能减碳效果分析

根据目前我国混合动力汽车技术发展状况,当前发展重点应是微度混合动力轿车、轻度混合动力轿车和中度混合动力公交客车。目前,BSG 混合动力轿车节能约 10%,ISG 混合动力轿车节油率约 15%,按车辆年行驶里程 10 万 km 计算,按对比车型的百公里油耗为 8L,节油率按照平均 12.5% 计算,单车年节约用油 0.725t,折合 CO_2 减排 2.34t。混合动力公交客车的节油率为 20% 左右,年行驶 10 万 km,对比车型百公里油耗为 40L,单车年节约用油 6.56t,折合 CO_2 减排 21.36t。以长安杰勋混合动力汽车为例,该原型车排量为 2.0L,百公里油耗是 9L 左右,示范运营显示的节油率约为 20%;若年均行驶里程按 5 万 km 计算,单车年均节油 0.648t,汽油价格以 7 元/L 计算,年均节省 6300 元。该混合动力汽车新增价格约为 3 万元,需要 4.76 年收回成本。若车辆年均行驶 2 万 km,单车年均节油 0.259t,可节省 2520 元,收回成本大约需 10 年时间。

四、关键技术

混合动力系统的构建是新能源汽车的节能技术的关键,是整个汽车性能的重要影响因素,对汽车的节能效果起着决定性作用。混合动力汽车关键技术是指汽油、柴油与电能在形成有效的混合动力的过程中,针对工况特点,需要开发专用的燃烧系统,以实现常用工况效率的最高化,降低整车油耗。针对频繁起停的工作条件,需要进行起停控制策略开发,以降低排放和油耗,提高可靠性。

(1)先进的内燃机技术。与传统的内燃机车辆一样,混合动力汽车同样需要先进的内燃机技术,以提高发动机的燃油经济性和降低尾气排放。

（2）电池组存储技术。基于目前电池存储技术的发展，如何提高电池组的存储容量依然是发展混合动力系统甚至发展电动车的关键环节。提高电池组存储容量可以有效降低车辆油耗，降低尾气排放，使混合动力汽车的优势进一步提升。

（3）混合动力控制单元技术。混合动力汽车通常由发动机和电动机共同驱动，是对动力系统匹配的优化设计，可以实现多能源的合理匹配和管理，满足车辆在不同工况下均能达到能量利用最大化和油耗最低化的要求。

五、混合动力电动汽车的技术发展趋势

从各国发展混合动力电动汽车的政策和技术来看，混合动力电动汽车的技术发展正发生深刻的变化，主要体现在以下几个方面：

（1）插电式混合动力汽车成为混合动力汽车开发和生产的主流。

（2）轻量化、小型化混合动力电动汽车和城市混合动力客车成为市场消费主力军。

（3）纯电动汽车将成为电动汽车发展的主流，混合动力汽车将逐步被纯电动汽车所取代。

随着能源和环境问题的社会关注度提升，新能源汽车成为未来汽车发展的方向和目标，而在电动汽车未能普及的情况下，混合动力汽车势必成为一种新的发展趋势。混合动力汽车既结合了传统内燃机汽车与电动汽车的优点，同时又克服了两者的不足，既提高了整车的燃油经济性，降低了尾气排放量，又大大提高了相比于电动汽车的续航里程和便捷性，降低了生产成本。相信在未来电动车普及之前，混合动力汽车以油耗低、效率高、环保性能好等优点占领汽车市场。

第二章 混合动力汽车的结构与工作原理

由于混合动力汽车采用至少两种动力源作为动力装置,它的各个组成部件、布置方式及控制策略的不同,因而形成了各式各样的结构形式。混合动力汽车将发动机、电动机、能量储存装置(蓄电池)按某种方式组合在一起,分为串联式、并联式和混联式3种结构形式。

第一节 串联式结构

一、串联式结构特点

串联式结构最大的特点就是发动机在任何情况下都不参与驱动汽车的工作,它只能通过带动发电机为电动机提供电能,如图2-1所示。

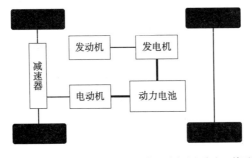

串联结构的动力来源于电动机,发动机只能驱动发电机发电,并不能直接驱动车辆的行驶。因此,串联结构中电动机功率一般要大于发动机功率,才能满足车辆的行驶需求。并且,可以把串联结构简单的理解为:电动机+发动机=串联

图2-1 串联式结构

串联式结构是混合动力汽车中结构最为简单的,整体结构相当于纯电动汽车加上汽油发电机,它取消了普通汽车的变速器,结构布置也更加灵活。

同时,发动机工作在高效转速区域,在一般的中低速城市路况,串联式混合动力汽车的油耗比普通汽车节油30%左右,而且串联的驾驶模式单一,只有电动模式,易于驾驶,驾驶人不用考虑切换混合模式还是纯油模式(图2-2)。

但是,发动机的动能需要经过二次转换才能为电动机供电,会造成较大的能量损失,使

得串联汽车在跑高速时油耗变高,以雪佛兰沃蓝达(VOLT)为例,普通1.4L发动机在高速时巡航下,百公里油耗为6L左右,而雪佛兰沃蓝达(VOLT)却达到了6.4L(图2-3)。

图 2-2　驾驶串联式混合动力汽车

图 2-3　油耗模式

二、串联式混合动力车型

目前串联式混合动力车型有:雪佛兰VOLT、宝马i3增程版、传祺GA5增程版。而GA5也是自主品牌中仅有的串联混动力车型,能够享受国家和地方的优惠补贴。

1. 广汽传祺GA5

广汽传祺GA5如图2-4所示。

a)

b)

图 2-4　广汽传祺GA5

广汽传祺 GA5 混合动力汽车配备了一款可输出128hp(94kW)/225N·m的永磁同步电动机,而磷酸铁锂的容量为13kW·h,纯电动模式下续航里程为80km(图2-5)。当电池容量不足时,由配备的1.0L发动机将会通过发电机给电池供电,发动机不参与动力驱动,这款车最大续航里程超过600km。

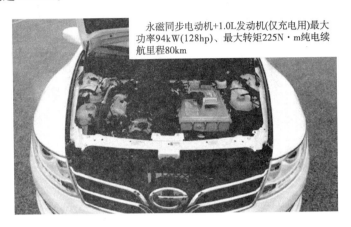

图2-5　永磁同步电动机

电池组位于行李舱下方,对行李舱空间影响不大,不够占据了原本放置备胎的位置,所以 GA5 增程版没法配备备胎,只提供了应急补胎工具(图2-6)。

a)

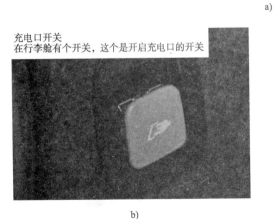

b)　　　　　　　　　　　　　　c)

图2-6　电池组及充电口

传祺 GA5 充电如图 2-7 所示。

图 2-7　传祺 GA5 充电

2. 宝马 i3 增程版

宝马 i3 增程混合动力车型（图 2-8）则在纯电动车型的基础上增加了一台拥有 34hp 的 0.65L 双缸汽油发动机，9L 油箱则被布置在前轴上方，整车质量也增长到 1315kg。在当电量不足时为电池组继续供电，以维持续航，最大续航里程延长至 300km。

图 2-8　宝马 i3 增程版混合动力汽车

宝马 i3 增程版混合动力车型结构如图 2-9 所示。

a)

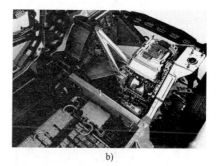

b)

图 2-9　宝马 i3 增程版混合动力车型结构

三、串联式混合动力汽车的工作原理

在车辆行驶之初,蓄电池处于电量饱满状态,其能量输出可以满足车辆要求,辅助动力系统不需要工作。电池电量低于60%时,辅助动力系统起动;当车辆能量需求较大时,辅助动力系统与蓄电池组同时为驱动系统提供能量;当车辆能量需求较小时,辅助动力系统为驱动系统提供能量的同时,还给蓄电池组进行充电。由于蓄电池组的存在,使发动机工作在一个相对稳定的工况,使其排放得到改善。

串联式混合动力电动汽车的工作模式如图2-10所示。

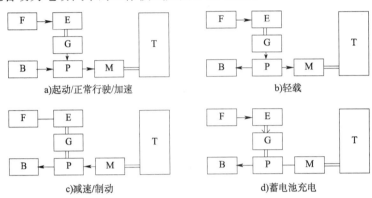

图2-10 串联式混合动力电动汽车的工作模式

B-蓄电池;E-内燃机;F-油箱;G-发电机;M-电动机;P-功率转换器;T-传动装置(包括制动器、离合器和齿轮箱)

(1)车辆起动、正常行驶或加速。发动机通过发电机和蓄电池一起输出电能并传递给功率转换器,然后驱动电动机,通过机械传动装置驱动车轮。

(2)车辆轻载。发动机发出的功率大于车辆所需功率,多余的能量通过发电机给蓄电池充电直到SOC达到预定的限值。

(3)车辆减速或制动。电动机把驱动轮的动能转化为电能,并通过功率转换器给蓄电池充电。

(4)车辆停车充电。发动机也可以通过发电机和功率转换器给蓄电池充电。

四、典型串联式混合动力系统解析

沃蓝达内置了1.4L汽油发动机、主电动机(最大功率111kW,最大转矩368N·m)以及辅助电动机/发电机。其汽油发动机仅用于对电池充电,并不直接驱动车辆。而由于沃蓝达可以仅使用电池供电推动车辆行驶80km,从某种意义上已属于纯电动车范畴。

1. 系统构成

Voltec混合动力系统是通用汽车的E-Flex插座充电式混合动力驱动系统的最新版本,

采用1台小型的发动机、2台电动机对车辆进行综合驱动的系统。沃蓝达上采用的是容量为16kW·h的360V锂电池组,电池组成T形布置,隐藏于后排座椅下及车身中部,纯电动最高行驶里程可达80km。整个Voltec混合动力系统包括汽油发动机、综合动力分配系统、高容量锂电池以及电力控制单元(图2-11)。

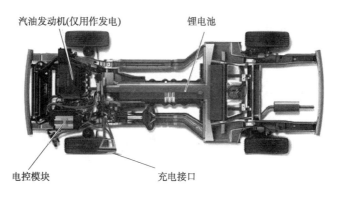

图2-11 沃蓝达Voltec混合动力系统

2. 部件解析

沃蓝达的动力系统由2台电动机(最大功率分别为111kW和55kW)和1台发动机(最大功率为63kW)组成(图2-12),发动机仅用于发电。其中功率较大的电动机主要用于驱动车辆,而功率较小的电动机主要用于发电。

图2-12 沃蓝达的动力系统

沃蓝达Voltec与普锐斯THS系统动力分配机构对比如图2-13所示。

3. 工作逻辑

要了解系统的工作逻辑,首先要了解动力分配系统的结构(图2-14)。Voltec的动力分配系统的控制方式与THS系统有一定的区别,Voltec系统通过3个离合器来控制动力的分配。我们把这3个离合器分别命名为C1、C2、C3。C1用于连接行星齿轮齿圈与动力分配机构壳体(固定);C2 用于连接发电机与行星齿轮齿圈;C3 用于连接发动机与发电机。系统结构简图可参看图 2-15。

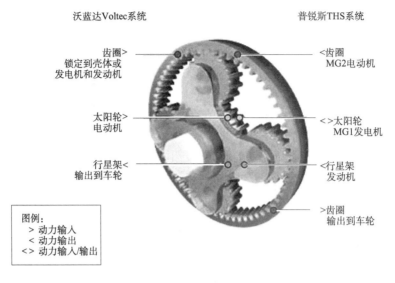

图 2-13　沃蓝达 Voltec 与普锐斯 THS 系统动力分配机构对比

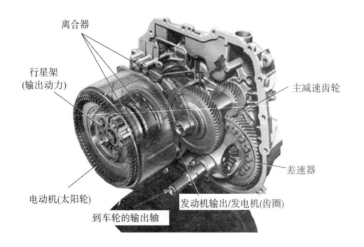

图 2-14　Voltec 动力分配系统结构

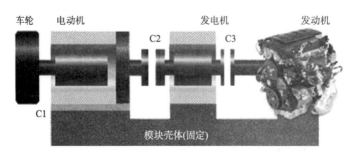

图 2-15　Voltec 动力分配系统结构简图

Voltec 混合动力系统一共有 5 种工作模式,分别为:EV 低速模式、EV 高速模式、EREV 混合低速模式、EREV 混合高速模式以及能量回收模式。

处于 EV 低速模式时(图 2-16),C1 吸合,C2、C3 松开,发动机停转。齿圈被固定,电动机推动太阳轮转动,行星架因太阳轮的转动而转动,把动力传输到减速齿轮并传递到车轮。

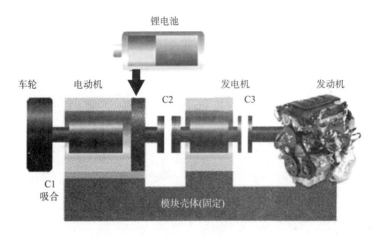

图 2-16　EV 低速模式

处于 EV 高速模式时(图 2-17),C2 吸合,C1、C3 松开,发动机停转。发电机此时充当电动机工作,推动齿圈转动。同时,功率较大的另一个电动机推动太阳轮转动。齿圈和太阳轮同时转动,带动行星架转动,从而把动力传到车轮。发电机充当电动机推动齿圈转动,降低了与太阳轮连接的另一电动机的转速,提高了其能源使用率。

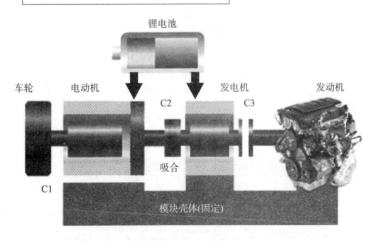

图 2-17　EV 高速模式

处于 EREV 低速模式时(图 2-18),C1、C3 吸合,C2 松开,发动机运转。此时,发动机推动发电机发电,并为电池充电;同时电池为电动机供电推动太阳轮转动,由于齿圈固定,行星架跟随太阳轮转动,从而把动力传到车轮。

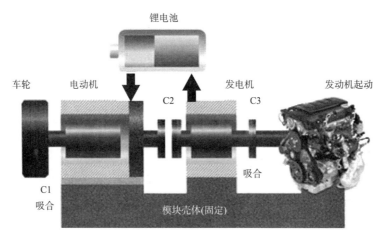

图 2-18　EREV 低速模式

处于 EREV 高速模式时(图 2-19),C2、C3 吸合,C1 松开,发动机运转。此时,发动机与发电机转子连接后推动齿圈转动同时发电,电动机推动太阳轮转动。齿圈和太阳轮同时转动,带动行星架转动,从而把动力传到车轮。发动机推动齿圈转动,降低了与太阳轮连接的另一电动机的转速,提高了其能源使用率。

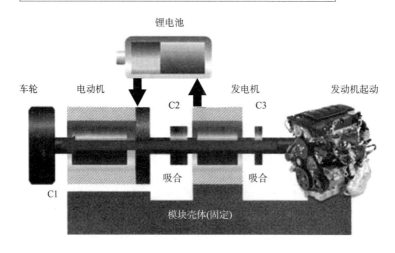

图 2-19　EREV 高速模式

处于能量回收模式时(图 2-20),C1 吸合,C2、C3 松开,发动机停转。车轮带动行星架转动,由于齿圈固定,太阳轮随着行星架转动。此时,功率较大的电动机作为发电机对电池充电。

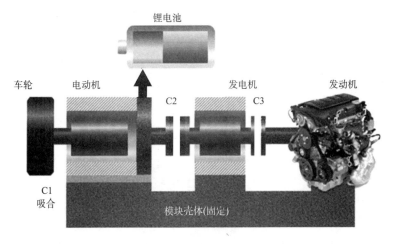

图 2-20　能量回收模式

第二节　并联式结构

一、并联式结构特点

并联,实际上就是在普通汽车的基础上加装一套电能驱动系统(即电动机和动力电池),发动机和电动机都能单独驱动车轮,也可以同时工作,共同驱动汽车,当动力电池电量不足时,发动机还能带动电动机反转为电池充电(图 2-21)。

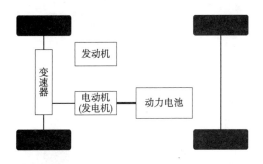

并联汽车靠发动机或者电动机,或者它们二者共同驱动。并联结构保留了变速器,因此可以简单的理解为:普通汽车+电动机=并联

图 2-21　并联式结构

与串联不同的是,并联结构中发动机和电动机可以同时驱动汽车,其动力性能更加优越,比亚迪秦的 1.5T 发动机和电动机功率相加后足足有 300hp 左右。其次,并联车型的驱动模式较多,含有纯油模式、纯电模式、混合模式等,如图 2-22 所示,可以适应多种工况,发

动机能够在中高速运行时单独驱动汽车,无须进行能源的二次转换,因此其综合油耗也会更低。

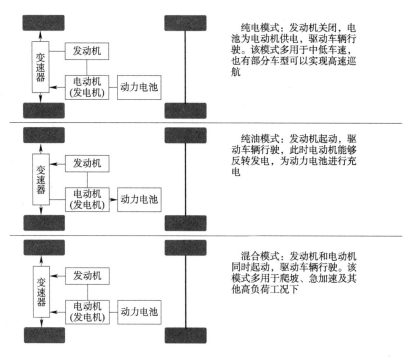

图2-22 并联车型的驱动模式简图

与此同时,并联相对于串联和普通汽车更复杂,制造成本相对会高一点。不过,并联结构最显著的缺点就是:由于只有一台发动机,没有独立的发电机,无法实现混合模式下,发动机为电池充电的功能,而当电量耗尽时,汽车也只能依靠发动机进行驱动(图2-23)。

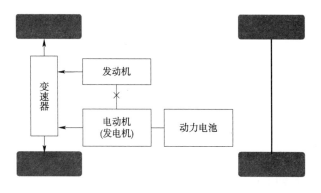

图2-23 并联结构的缺点

二、并联式混合动力汽车车型

1. 比亚迪秦

比亚迪秦采用了双模混动系统,即系统可以在纯电动或汽油+电动混动模式进行自由切换(图2-24)。动力系统由一台1.5T发动机和一台电动机并联组成,与其搭配的是一台DCT双离合变速器(图2-25),输出总功率为217kW,峰值转矩可以达到479N·m。

图2-24　比亚迪秦并联式插电混合动力汽车

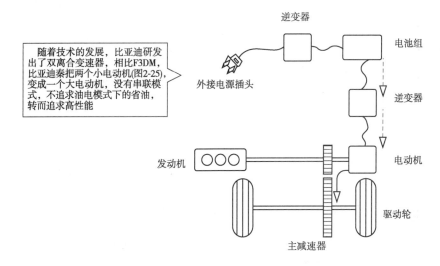

图2-25　比亚迪秦研发的双离合变速器模式

比亚迪秦的电动机加在变速器的输出端,只要减速器能承受,全部功率都可以发挥出来,减少了对变速器的要求,大大降低成本。但是这种模式也有缺点,电动机不经过变速器,只有固定减速,到了高速,电动机在高转速下效率会下降,提供给车轮的转矩也会急剧下降。

2. 第九代索纳塔混合动力汽车

第九代索纳塔混合动力汽车(图2-26)同时搭载2.0L GDi Engine(Nu)发动机和38kW电动机,并采用并联的混合动力系统连接方式,提供最佳动力的同时保证了燃油经济型。

第九代索纳塔混动版搭载的TMED混动系统,让发动机和电动机始终工作在高效区域,同时动力耦合方式及行驶模式切换简单直

图2-26　第九代索纳塔混合动力汽车

接,其次,第九代索纳塔混动版有更广的纯电行驶车速区域,与此同时,第九代索纳塔混动版采用多项降低风阻的设计,整体风阻系数达到同级最低的 0.25Cd。综合以上三大因素,第九代索纳塔混动版打造出 4.8L/100km 的超低油耗,节油率高达 36%。

三、并联式混合动力汽车工作原理

并联式混合动力汽车的发动机和电动机共同驱动汽车,发动机与电动机分属两套系统,可以分别独立地向汽车传动系统提供转矩,在不同的路面上既可以共同驱动又可以单独驱动。当汽车加速爬坡时,电动机和发动机能够同时向传动机构提供动力,一旦汽车车速达到巡航速度,汽车将仅仅依靠发动机维持该速度。

并联式混合动力电动汽车的四种运行模式如图 2-27 所示。并联式混合动力运行模式如图 2-28 所示。

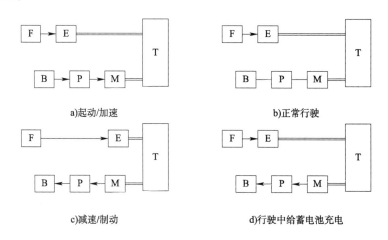

图 2-27 并联式混合动力电动汽车的四种运行模式

B-蓄电池;E-发动机;F-油箱;M-电动机;P-功率转换器;T-传动装置(包括制动器、离合器和齿轮箱)

图 2-27 给出了并联式混合动力电动汽车的四种运行模式。

(1)车辆起动或节气门全开加速。发动机和电动机同时工作,共同分担驱动车辆所需的动力,例如,发动机和电动机分别承担总功率的 80% 和 20%。

(2)车辆正常行驶。电动机关闭,仅由发动机工作提供车辆行驶所需动力。

(3)车辆制动或减速。电动机工作于发电机模式,通过功率转换器给蓄电池充电。

(4)行驶中给蓄电池充电。由于发动机和电动机驱动同一根驱动轴,因此当车辆轻载时,发动机发出的功率也可以通过电动机转化为电能给蓄电池充电。

电动机既可以作电动机又可以作发电机使用,又称为电动-发电机组。由于没有单独的发电机,发动机可以直接通过传动机构驱动车轮,这种装置更接近传统的汽车驱动系统,机械效率损耗与普通汽车差不多,得到比较广泛的应用(图 2-29)。

第二章 混合动力汽车的结构与工作原理

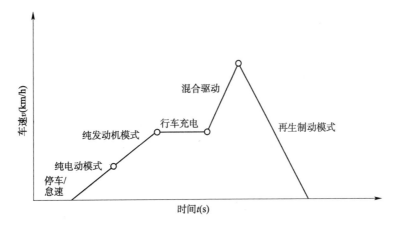

图 2-28 并联式混合动力运行模式

并联式混合动力汽车通常的做法是在发动机和变速器直接增加一个薄薄的电机。发动机和电机都连接在变速器的输入端。变速器连接主减速器,然后连接车轮

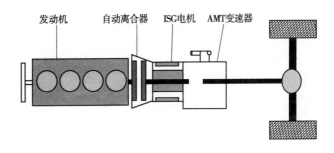

图 2-29 并联式混合动力汽车结构

不过,并联式插电混动车型也存在缺点,在混合动力模式下,发动机不能一直保证在最佳转速下工作,在行驶过程中油耗相对比较高,只有在堵车时,起动自带发动机起停功能时油耗才会低。并且正是因为并联式插电混动车型只有一台电动机,不能同时发电和驱动车轮,所以发动机与电动机共同驱动车轮的工况不能持久。在持续加速时,电池的能量会很快耗尽,进而转成发动机单独驱动模式。

四、典型并联式混合动力汽车系统解析

本田 IMA 系统是非常典型的并联式混合动力系统,至今已发展到第六代并应用在本田最新的 CR-Z、思域、飞度等车型上。以 IMA 系统为例来说明并联式混合动力系统的结构与工作逻辑。

1. 系统构成

IMA 系统由 4 个主要部件构成,其中包括:发动机、电动机、CVT 变速器及 IPU 智能动力

单元(图2-30)。电动机取代了传统的飞轮用于保持曲轴的运转惯性。整个系统的结构非常紧凑,和传统汽车相比仅是IPU模块占用了额外的空间。

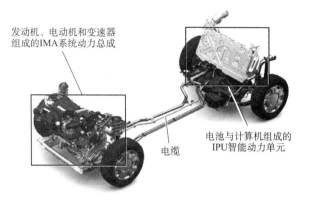

图2-30　2012思域Hybrid IMA混合动力系统

2. 并联式混合动力部件

IMA动力总成如图2-31所示。

图2-31　IMA动力总成

IMA系统的发动机通过搭载本田的i-VTEC(气门正时及生成可变技术)、i-DSI(双火花塞顺序点火技术)以及VCM(可变汽缸技术)来实现降低油耗的目的。国内进口的本田CR-Z采用的是顶置单凸轮轴1.5L的i-VTEC发动机,最大功率83kW,最大转矩145N·m,实测百公里油耗约5.4L。IMA系统中的发动机和传统车型中的发动机并没有太大区别,只是在调校上更偏向于节省燃料。

IMA系统的电动机安装在发动机与变速器之间,由于电动机较薄且结构紧凑,也称"薄片电动机"。国内销售的CR-Z上采用的薄片电动机最大功率为10kW,最大转矩78N·m。显然,这样的电动机只能起到辅助的作用。而由于IMA系统能够在特定情况下(如低速巡航)单独驱动汽车,而被划分到中型混合动力汽车行列。

IMA系统的变速器采用的是普通CVT变速器。在国内销售的CR-Z上采用的变速器是模拟 7 速 CVT 变速器,以获得平顺的换挡体验及较高的换挡效率。

IMA 系统的 IPU 智能动力单元由 PCU 动力控制单元和电池组成(图 2-32)。其中 PCU 又包括 BCM 电池监控模块、MCM 电动机控制模块以及 MDM 电动机驱动模块。

图 2-32　IPU 智能动力单元

3. 工作逻辑

IMA 系统的工作逻辑包括起步加速、急加速、低速巡航、轻加速和高速巡航、减速以及停车。

起步加速时(图 2-33),发动机以低速配气正时状态运转,同时电动机提供辅助动力,以实现快速加速性能,同时达到节油的目的。

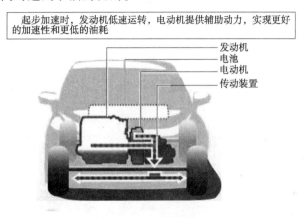

图 2-33　起步加速

急加速时(图 2-34),发动机以高速配气正时状态运转,此时电池给电动机供电,电动机与发动机共同驱动车辆,提高整车的加速性能。

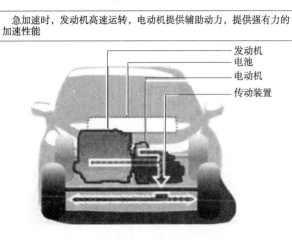

图 2-34　急加速

低速巡航(图2-35)时,发动机的四个汽缸的进排气阀全部关闭,发动机停止工作,车辆以纯电动方式驱动车辆。

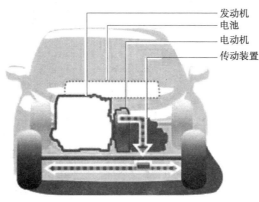

图2-35 低速巡航

轻加速和高速巡航时(图2-36),发动机以低速配气正时状态运转,此时发动机工作效率较高,单独驱动车辆,电动机不工作。

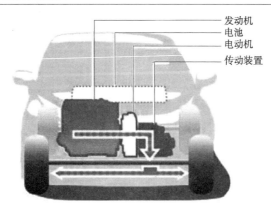

图2-36 轻加速和高速巡航

减速或制动时(图2-37),发动机关闭,电动机此时以发电机方式工作,将机械能最大限度地转化为电能,储存到电池包中。车辆制动时,制动踏板传感器给IPU一个信号,计算机控制制动系统,使机械制动和电动机能量回馈之间制动力协调,以得到最大程度的能量回馈。

车辆停止时(图2-38),发动机自动关闭,减少燃料损失和排放。当制动踏板松开时,发动机自动起动。

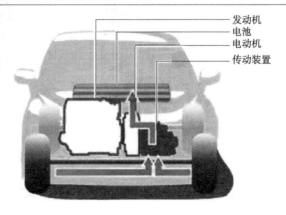

图 2-37　减速或制动

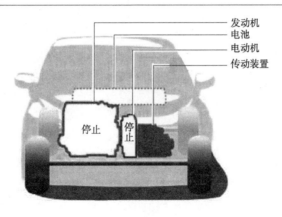

图 2-38　车辆停止

第三节　混联式结构

一、混联式结构特点

在并联的基础上再加入一个发电机,就是混联了,即普通汽车+电动机+发电机=混联。混联式混合动力系统(图2-39)的特点在于发动机系统和电动机驱动系统各有一套机械变速机构,两套机构或通过齿轮系,或采用行星轮式结构结合在一起,从而综合调节发动机与电动机之间的转速关系。与并联式混合动力系统相比,混联式动力系统可以更加灵活地根据工况来调节发动机的功率输出和电动机的运转。此连接方式系统复杂,成本高。

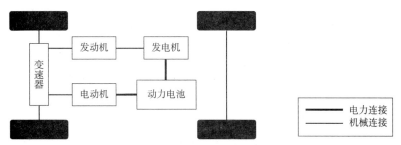

而混联在发动机和电动机协同驱动汽车行驶的同时,发动机还能带动发电机为电池充电,不再像并联结构中单一电动机需要身兼二职,并且理论上它能够实现发动机带动发电机发电,电动机驱动汽车的模式。当然,两个动力单元也能够单独驱动车辆

图 2-39 混联式结构

混联的结构优点和使用优点更加接近于并联结构的车型,但混联的驱动模式更加丰富(图 2-40),在并联的混合驱动模式基础上,加入了充电功能,这意味着发动机和电动机全力驱动车辆时,不用担心电量消耗的问题。

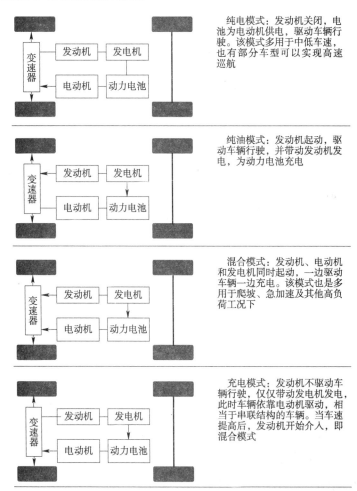

图 2-40 混联结构驱动模式

混联式混合动力汽车通常并不采用普通的变速器,而是采用一种所谓"ECVT"的行星齿轮结构的耦合单元替代了变速器(图2-41),起到连接、切换两种动力以及减速增扭的作用。由于采用ECVT技术,电动机和发动机的配合更加默契,能够适应的工况更多,节油效果更优。

而由于ECVT属于专利技术,存在技术垄断,也有一些厂家在混联结构中使用普通的变速器,如双离合变速器、无级变速器(CVT)或其他结构等实现混合动力驱动。例如,在早期比亚迪F3DM上,就有混联结构,如图2-42所示。需要全功率并联时,发动机与两台电动机锁定结合,一起驱动车辆;需要串联时,发动机和一台电动机锁定组成发电机,另外一台电动机和车轮锁定,变成纯电力驱动。这样同样可以达到串联、并联结合的目的。

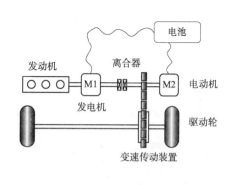

图2-41　ECVT行星齿轮结构　　　　图2-42　比亚迪F3DM的混联结构

但是这种模式有一个弱点,就是在并联模式下,发动机转速和车轮直接相关,速度高了,发动机转速很快,噪声振动很大,舒适性很差。

二、混联式混合动力汽车主要车型

混联式混合动力汽车主要车型如图2-43所示。

而近年来,也有数家厂商另辟蹊径,做出混联结构的混动车型,其中雪佛兰2016款VOLT、比亚迪唐以及荣威550都是其中一员。相信随着丰田专利的到期,更多的厂商会把研发资源投入到混联结构的车型当中

图2-43　混联式混合动力汽车主要车型

1. 比亚迪唐

比亚迪唐的动力来自于两套系统(图2-44)。一个是2.0TI涡轮增压发动机与6速湿式双离合变速器组成的常规汽油动力系统。另一套则是电动动力系统,它由两套分别放置在前后轴的电机组成,每台电机的最大功率是150hp,最大转矩是250N·m。

a)

唐搭载了比亚迪的"三擎双模"的动力系统,动力来自于2.0TI涡轮增压发动机,以及前后桥电机

比亚迪BYD487ZQA发动机
排量:2.0L
技术特征:涡轮增压/缸内直喷/双VVT
最大功率:205hp/(550r/min)
峰值转矩:320N·m/(1750~4500r/min)

比亚迪唐搭载的这款2.0TI涡轮增压发动机和S7上搭载的是一样的。这台发动机采用反置式布置,即进气歧管在前,排气歧管在后,这有利于降低发动机舱温度

b)

比亚迪6HDT45
六速湿式双离合变速器
最大承受转矩:450N·m

与该发动机搭配的是代号为"6HDT45"的6速湿式双离合变速器,这款变速器是专为混合动力车型设计的,变速器与前桥电机集成在一起,最大承受450N·m的转矩。官方数据称,该变速器的换挡时间为0.2s。这个换挡时间是专业赛车手驾驶手动挡赛车时的换挡时间(约0.5s)一半还短

c)

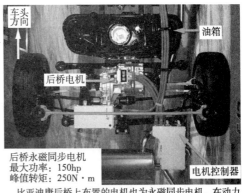

前桥永磁同步电机
最大功率:150hp
峰值转矩:250N·m

比亚迪唐前桥上布置的电机为永磁同步电机,动力输出参数如图2-44e)所示。该电机除了负责驱动前轴外,在混合动力系统需要发电时,还会转变"角色"成为一台发电机,为电池组充电

d)

后桥永磁同步电机
最大功率:150hp
峰值转矩:250N·m

比亚迪唐后桥上布置的电机也为永磁同步电机,在动力参数输出上与前桥上布置的电机一致。与前桥电机兼任发电机和驱动电机不同,后桥电机主要是用于驱动后轮的

e)

图2-44 比亚迪唐两套动力系统

2.0TI 发动机早前就已经应用于比亚迪 S7 之上,拥有最大功率 205hp(151kW)/5500(r/min),最大转矩为 320N·m/1750~4500(r/min)。与该发动机搭配的是 6 速湿式双离合变速器。与比亚迪 S7 所采用的 6 速湿式双离合变速器不同的是,比亚迪唐这台 6HDT45 双离合变速器是专门为混合动力车型设计的,它与前桥电机整合在一起,让 2.0TI 汽油发动机与前桥电机能叠加作用于车辆的前轴。该 6 速双离合变速器可以承受的最大转矩是 450N·m,换挡时间为 0.2s。

为了实现四驱模式,唐的后桥上还额外配置了一个与前桥电机参数完全相同的后桥电机,如图 2-45 所示。

由此可见,不论在何种状态下行驶,比亚迪唐都处于四驱模式的状态下。不过,与传统意义的四驱车型相比,它并没有中央差速器、分动箱和传动轴。

比亚迪唐的磷酸铁锂电池容量为 18.4kW·h(图 2-46),纯电动行驶里程最高可达 80km。

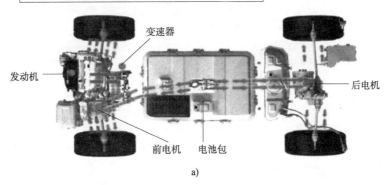

a)

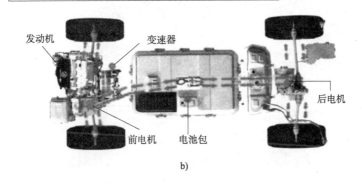

b)

图 2-45

行车发电模式

发动机正常运转,它除了给前轮输出动力外,还带动前桥电机发电为电池组充电。同时,电池组为后桥电机输出电力以驱动后轮

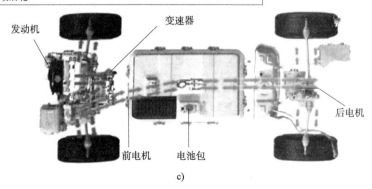

c)

怠速发电模式

发动机正常运转,带动前桥电机发电为电池组充电

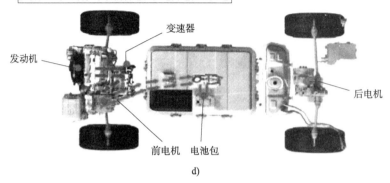

d)

图 2-45 比亚迪唐的四驱模式

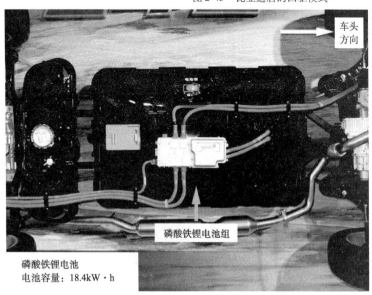

磷酸铁锂电池
电池容量:18.4kW·h

比亚迪唐搭载了一个电池容量为18.4kW·h的磷酸铁锂电池组。相比秦上搭载的16kW·h磷酸铁锂电池组容量更大。由于采用了更大的电池组,唐的纯电动行驶里程达到80km,比秦的70km长了14%。比亚迪暂时没有公布唐的官方充电时间,但由于搭载了容量更大的动力电池,预计使用车辆附带的220V家用充电器充电,充电时间会比秦的5h稍长。据官方介绍,唐支持全新的移动充电站功能,通过"加油口盖"位置的充电口,能够直接为功率小于3000W的家用电器供电

图 2-46 磷酸铁锂电池

2. 荣威550插电式混合动力汽车

荣威550插电式混合动力版车型(图2-47)搭载的是由1.5L自然吸气发动机和电机组成的动力系统。百公里综合油耗仅为2.3L,最大续航里程可以达到500km。

图2-47 荣威550插电式混合动力汽车

在电池采用磷酸铁锂电池,容量40A时,总能量为11.8kW·h。在电力系统的驱动下,节油率超过50%。

荣威550动力系统如图2-48所示。

图2-48 荣威550动力系统

荣威550可切换纯电动、并联、串联几种混动驱动模式。与之搭配的是一款电驱变速器。这款电驱动变速器集成了主电机和ISG电机,其中主电机功率达44kW,峰值转矩达到317N·m;ISG电机最大功率为23kW,转矩为147N·m。荣威550充电如图2-49所示。

图2-49 荣威550充电

三、混联式混合动力汽车工作原理

混联式混合动力系统中也有两套驱动系统——发动机系统和电机驱动系统,但不同于并联式结构的是,混联式有两台电机。一台电机仅用于直接驱动车轮,还有一台电机具有双重角色:当需要使用极限性能时,该电机可充当电动机直接驱动车轮,整车功率就是发动机与两个电机的功率之和;当电力不足时,就充当发电机,给电池充电。

1. 发动机主动型混联式混合动力电动汽车

图2-50给出了发动机主动型混联式混动力电动汽车的六种运行模式。

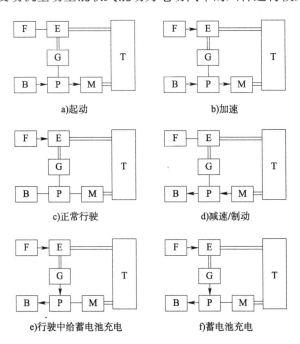

图2-50 发动机主动型混联式混合动力电动汽车的六种运行模式
B-蓄电池;E-发动机;F-油箱;G-发电机;M-电动机;P-功率转换器;T-传动装置(包括制动器、离合器和齿轮箱)

(1)起动。车辆起动时,发动机关闭,蓄电池工作,提供车辆行驶所需的动力。

(2)加速。节气门全开,车辆加速行驶时,发动机和电机同时工作,共同分担车辆行驶所需的动力。

(3)正常行驶。车辆正常行驶时,电机关闭,发动机工作,提供车辆所需的动力。

(4)减速/制动。车辆制动或减速行驶时,电机工作于发电机模式,通过功率转换器给蓄电池充电。

(5)行驶中给蓄电池充电。车辆行驶给蓄电池充电时,发动机一部分动力用于驱动车辆;另一部分动力由发动机经功率转换器给蓄电池充电。

(6)蓄电池充电。当停车时,发动机也可以通过发电机给蓄电池充电。

2. 电力主动型混联式混合动力电动汽车

图 2-51 显示了电动机主动型混联式混合动力电动汽车的六种运行模式。

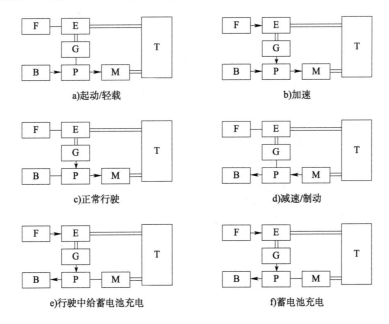

图 2-51 电动机主动型混联式混合动力电动汽车的六种运行模式

B-蓄电池;E-发动机;F-油箱;G-发电机;M-电动机;P-功率转换器;T-传动装置(包括制动器、离合器和齿轮箱)

(1)起动。车辆起动或轻载运行时,发动机关闭,由蓄电池给发动机提供电能驱动车辆。

(2)加速、正常行驶。车辆正常行驶或节气门全开、车辆加速行驶时,发动机和电机一起工作,共同提供车辆所需功率。

两种工况的区别在于,车辆正常行驶的动力仅由发动机驱动发电机提供,而节气门全开加速行驶时,其动力由蓄电池和发电机共同提供,通常用行星齿轮机构分流发动机的输出功率,一部分用于驱动车辆;另一部分用于驱动发电机。

(3)减速/制动。车辆制动或减速行驶时,电机工作于发电机模式,并通过功率转换器给蓄电池充电。

（4）行驶中给蓄电池充电。车辆行驶给蓄电池充电时，发动机一部分动力用于驱动发电机给蓄电池充电。

（5）蓄电池充电。停车时，发动机也可以通过发电机给蓄电池充电。

四、典型混联式混合动力系统解析

丰田 THS 系统是典型的混联式混合动力系统，至今已发展到第二代。THS 是"Toyota Hybrid System"的缩写，最早被用于 1997 年 10 月发布的第一代普锐斯（Puris）上。

1. 系统构成

THS-Ⅱ系统主要部件有汽油发动机、永磁交流同步电机、发电机、高性能金属氢化物电池盒以及功率控制单元（图 2-52）。最新的第三代普锐斯和凯美瑞尊瑞采用的就是 THS-Ⅱ混合动力系统。

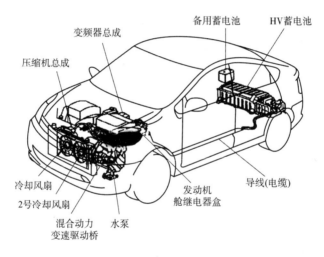

图 2-52　2012 款凯美瑞尊瑞 THS-Ⅱ混合动力系统

2. 部件解析

采用 THS-Ⅱ系统（图 2-53）的第三代普锐斯使用的发动机是 1.8L 的 5ZR-FXE 发动机，而 2012 款凯美瑞尊瑞采用的是 2.5L 的 4AR-FXE 发动机。这两款发动机均采用了能效相对较高的阿特金森循环。

阿特金森循环是一种高压缩比，长膨胀行程的发动机工作循环。阿特金森循环发动机通过推迟进气门关闭及推迟排气门打开使得燃烧产生的能量更充分地被利用，是一种能效比较高的发动机种类。传统阿特金森循环发动机低速转矩输出较弱，较长的做功行程不利于高速运转。随着四冲程发动机配气机构控制技术的日益成熟（本田 VTEC、丰田 VVT、宝马 Valvetronic），使得阿特金森循环发动机的性能有了极大的进步。在面临燃油危急的今天,阿特金森循环发动机能效较高的优势便凸显出来了。

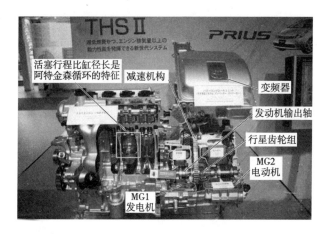

图 2-53　THS-Ⅱ动力总成

THS-Ⅱ系统(图 2-54)的关键也是最为复杂的部件就是由两台永磁同步电机及行星齿轮组成的动力分配系统。

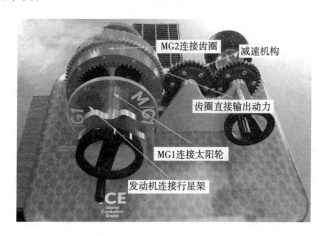

图 2-54　THS-Ⅱ系统结构模型

THS-Ⅱ系统中带有两台电机——MG1 和 MG2。MG1 主要用于发电,必要时可推动汽车。MG2 主要用于推动汽车。而 MG1、MG2 以及发动机输出轴被连接到一套行星齿轮机构的太阳轮、齿圈和行星架上。动力分配就是通过功率控制单元控制 MG1 和 MG2 电机,通过行星齿轮机械机构进行巧妙分配的。由于使用了这种创新的动力分配方式,THS-Ⅱ系统甚至连变速器也不需要了,发动机输出经过固定减速机构减速后直接驱动车轮。虽然丰田 THS-Ⅱ控制系统复杂,但其结构尚紧凑,省去了庞大的变速器降低了车身质量,从而提高了车辆的燃油经济性。

3. 工作逻辑

为了解 THS-Ⅱ系统的工作逻辑,将发电机 MG1 简称为 MG1,电机 MG2 简称为 MG2。

发动机起动时(图2-55),电流流进MG2通过电磁力固定行星齿轮的齿圈,MG1作为起动机转动太阳轮,太阳轮带动行星架转动,与行星架连接的发动机曲轴转动,发动机起动。

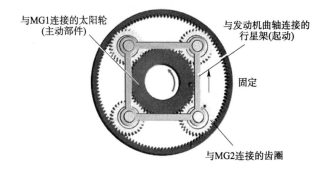

图2-55　发动机起动时

急速时(图2-56),电流流进MG2固定行星齿轮的齿圈,发动机带动行星架转动,行星架带动太阳轮转动,与太阳轮连接的MG1发电给电池充电。

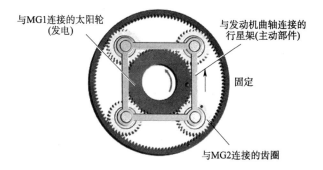

图2-56　发动机急速时

车辆起步时(图2-57),发动机停转,行星架被固定。MG2驱动行星齿轮齿圈,推动车辆前进。此时,MG1处于空转状态。

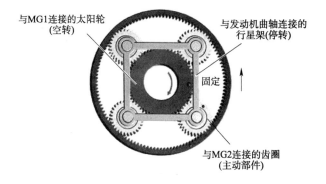

图2-57　车辆起步时

车辆起步时,如需要更大动力(驾驶人深踩加速踏板或检测到负载过大)(图2-58),MG1转动起动发动机。

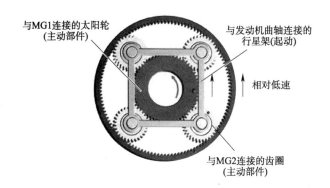

图 2-58 车辆起步需要更大动力时

车辆起步时,发动机驱动 MG1 发电并供给推动 MG2 运转的电能(图 2-59)。

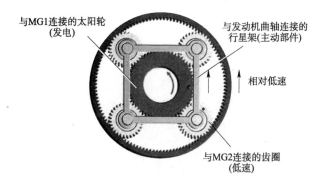

图 2-59 起步时 MG1 发电给 MG2

在轻负荷下加速时,发动机驱动 MG1 发电并供给推动 MG2 运转的电能,MG2 提供附加的驱动力用以补充发动机动力。

在重负载下加速时(图 2-60),发动机驱动 MG1 发电并供给推动 MG2 运转的电能。MG2 提供附加的驱动力用以补充发动机动力。电池会根据加速程度给 MG2 提供电流。

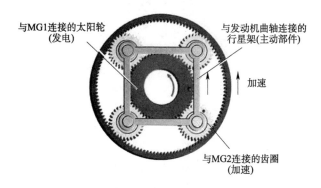

图 2-60 在加速状态下

降挡(D 挡)时(图 2-61),发动机停转,MG1 空转,MG2 被车轮驱动发电给电池充电。

减速(B 挡)时(图 2-62),MG2 产生的电能供给 MG1,MG1 驱动发动机。此时发动机断油空转。MG1 输出的动力成为发动机制动力。

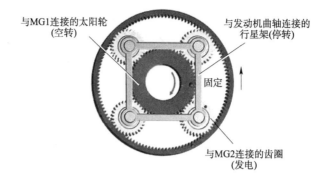

图 2-61 降挡时

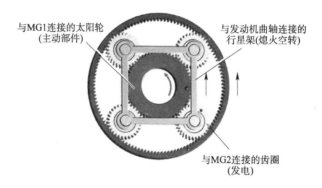

图 2-62 减速时

倒车时(图 2-63),只使用 MG2 作为倒车动力。

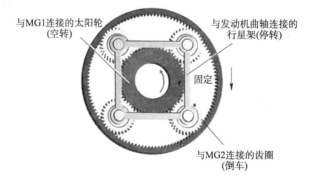

图 2-63 倒车时

五、混合动力三种传动结构的比较

混合动力汽车三种传动结构各有优缺点,如图 2-64 所示。

串联式结构一般只有在以下 2 种情况下才有可能选用:一是发动机仅用于增加电动车辆的续驶里程,而用于驱动汽车的绝大部分能量是来源于蓄电池,结果整个系统能量转化损失较小;二是发电机和电动机的综合效率达到或超过传统车辆动力传动系统的水平,研究人员希望能采用配备有磁能密度,极高的永久磁铁作为电极的高速同步发电机和电动机来达到这一水平。这种系统主要用于城市大客车,在轿车中很少见。

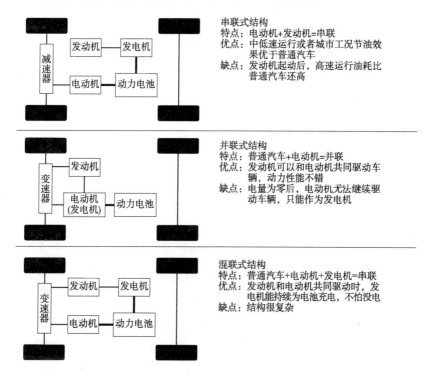

图 2-64 三种传动结构的比较

混联式结构综合了串、并联两种的优缺点,具有了最佳的综合性能,但系统组成庞大,传动系统布置困难。另外,实现串、并联分支间合理的切换对控制系统和相关控制策略的设计也提出了更高的要求。

并联式结构由于在传动系统组成及控制方面更接近于传统车辆传动系统,并且所需的电机功率较小,电池组数量少,整车的价位也比较低。更可贵的是,并联式 HEV 可采用传统汽车用发动机,从而可把传统车用发动机的最新研究成果应用到混合动力车辆上,节省了研发资金,目前这种结构的传动系统应用比较广泛。

第三章　混合动力汽车的主要部件结构

第一节　发　动　机

混合动力汽车是一种用发动机和电动机组合起来共同驱动的汽车,具有低污染(超低污染)、高效率、经济性能好等优点。在电动汽车的电力能源没有完全解决之前,综合发挥发动机汽车和电动汽车各自的优势,使发动机的燃料消耗率降到最低,发动机排放的污染减到最小,并充分发挥电力驱动的效率,这是混合动力汽车得以迅速发展的基础。

一、汽油发动机

汽油发动机在当前混合动力汽车上占有主导地位,汽油发动机技术上已相当成熟,在节能和环保方面也取得了很大的进展。混合动力汽车选择发动机时,侧重于选用小型化、低油耗、低排放的发动机,并且控制在最佳效率范围内稳定运转,在混合动力汽车上除采用最新的各种节能和环保措施外(图3-1),还采取以下控制方法:

(1)采用全新的理论和全新结构的发动机。

(2)由电动机/发电机在短暂的时间内,完成发动机的起动加速,减少发动机的起动时间和排放。

(3)采用"开-关"控制方式,完全避开发动机的低效率运转(例如怠速)工况范围。

(4)减少泵气阻力和各种运动副中摩擦阻力等。

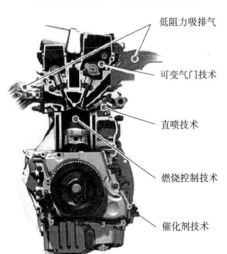

发动机改进后可提高15%~20%的动力性能和降低20%的油耗

图3-1　发动机采用的节能和环保措施

1.汽油发动机节能和环保的主要技术措施

为了节能和环保,现代汽油发动机采用了各种各样的机外或机内的控制技术,努力使发动机在节能和环保方面达到各国越来越严格的燃油消耗和排放标准的要求,因维护厂家的不同,各个厂家所采用的发动机降低燃油消耗和对有害气体排放的控制对策及具体措施各有不同的特色,在发动机燃烧室结构、活塞顶结构、气门结构、电控喷射系统、电子控制系统等各有特长。目前,混合动力汽车仍然是以选用发动机为主要方法,在选用发动机时应扬长避短,并结合不同的混合动力汽车所需要的发动机的使用特点,来取得最佳节能效果和"超低污染"的环保效果,当前汽油发动机节能和环保的主要技术措施见表3-1。通常,只是在小型混合动力汽车上才采用汽油发动机作为动力源。

汽油发动机节能和环保的主要技术措施　　　　表3-1

控制项目	控制对策	控制技术
燃料	提高燃料品质	采用无铅汽油和高辛烷值燃料
	降低燃料中的有害杂质	低硫燃料
代用燃料	开发"低污染"代用燃料和"低污染"燃料供应系统	压缩天然气(GNG)
		液化石油气(LPG)
		甲醇等有机燃料
		氢气(H_2)
		油、气混合燃料
燃料逸散	防止燃料蒸发,曲轴箱窜气回收	炭罐和炭罐控制阀
		发动机曲轴箱通风装置
提高机械效率	改进活塞裙结构,降低泵送损失,降低机械摩擦损失	降低机械摩擦损失
		气门和气道改进
		降低摩擦因数采用滚动轴承
		提高润滑油性能
发动机结构改进	高效燃烧室结构和活塞顶的形状的改进和提高燃烧效率	楔形燃烧室、挤气燃烧室
		分层燃烧
进气系统	进气量控制,气门结构改进	多气门系统(4、5气门结构)
		可变气门系统(VVT)开启气门数量改变,气门开度改变
		可变谐振增压系统,增加充气量
进气系统	进气温度控制	用节温器及风扇控制冷却液温度
燃料系统	改进喷嘴结构,改善燃料雾化	燃料直喷技术和高精度燃料喷射
		采用氧传感器和空燃比传感器
		反馈控制
	燃油泵调节装置控制	燃油泵精确控制燃料量
		燃料压力控制
		燃油定时控制
燃烧状态	改善混合气质量	控制空燃比(A/F),实现超稀薄燃烧(空燃比达到26:1)
	改进燃烧方法	分层燃烧

续上表

控 制 项 目	控 制 对 策	控 制 技 术
燃烧状态	改进燃烧循环状态	气门定时控制实现高膨胀比循环控制
	怠速排放控制	实时转速闭环控制系统或自动停车
点火系统	燃烧速度控制	点火线圈电流控制和电子点火时间控制
	爆震控制	点火提前角控制,点火滞后控制
	采用电子控制点火系统	发动机计算机点火控制系统
排放后处理	排气净化处理,控制尾气中有害气体排放量	二次空气喷射
		NO_x 还原催化剂
		氧传感器和三元催化器
		废气再循环(EGR)系统

2. 本田汽车公司 Insight 混合动力汽车的汽油发动机

Insight 混合动力汽车以汽油发动机为主要动力,电动机/发电机为辅助动力,它们的动力配比为9∶1。Insight 混合动力汽车的发动机为1L、直列三缸、直喷式、铝制汽缸体。发动机最大功率为52kW/(6000r/min),转矩为91N·m(4600 r/min),当电动机介入时,系统在1500r/min 时的转矩为107N·m。发动机的质量仅为60 kg,是当前世界上1L级发动机中质量最小、效率最高的发动机(图3-2、图3-3)。

图 3-2 本田 Insight 混合动力系统汽油发动机性能指标

▶ 本田Insight混合动力系统汽油发动机
· 确定功率:52kW
· 额定转速:6000r/min
· 转矩:91N·m(4600r/min)< 当电机介入时,系统在1500r/min 时的转矩为107N·m
· 排量:1L
· 直列三缸
· 缸内直喷式
· 铝制汽缸体

图 3-3 本田 Insight 的汽油发动机外形

(1)极端稀薄燃烧技术(图3-4)。发动机的排气门采用铝制结构,进、排气门由同一个摇臂轴支撑,可以使进、排(用)气门之间的夹角达到30°,进气门接近垂直状态,紧凑排列的进、排(用)气门,可以增强进气时气体的旋转涡流,涡流的旋转速度比一般稀薄燃烧的发动机高出20%;并且进一步使燃烧室的结构更加紧凑,有利于稀薄燃烧气体充分混合。另外,发动机横置,进气口一侧朝前,这种设计有利于增加进气压力。

▶本田Insight混合动力系统汽油发动机
・采用稀燃技术
▶排气门用铝制造
▶进、排气门由同一个摇臂轴支撑,可以使进、排(用)气门之间的夹角达到较小的30°紧凑排列的进、排(用)气门,燃烧室的结构更加紧凑
▶空燃比可达26∶1

图 3-4　极端稀薄燃烧技术

每个汽缸有四个气门,对发动机的混合气的控制起重要作用。使混合气的空燃比由过去23∶1扩大到26∶1的极端稀薄比例。

在低速运转时,可以将每个汽缸的两个进气门中的一个关闭,以增强发动机低速运转时进气的旋转涡流,可以使油气混合更加均匀,确保发动机在低速时仍然保持稀薄燃烧状态。

(2)高效催化转化,实现超低污染。双催化转化器与发动机铝制汽缸盖一体化,这样可以有效地加热催化转化器,促进催化反应,实现超低污染。当在理论空燃比工况下燃烧时,催化转化器能够吸附燃料燃烧后产生的大部分 NO_x,经过催化和转化后,由于 HC 和 CO 的还原作用,使 NO_x 被还原为 N_2 再排入大气,因此,Insight 的 HC、CO、NO_x 排放量比日本标准所规定的排放量低68%,催化转化器的质量也大大减小。

发动机配置了"开-关"自动控制系统,能够在汽车起动时使发动机快速起动,并根据行驶工况,自动控制汽车发动机起动和关闭,进一步避免发动机在起动和低速运转时排气造成的污染,从而达到"超低污染"排放标准的要求。

(3)先进的结构,降低发动机的质量。发动机汽缸体采用铝合金压铸工艺制造,内铸薄壁钢衬套,油底壳用镁铸造,质量为2.1 kg,是铝制造的65%。凸轮轴由单级无声链驱动,然后通过四个气门摇臂操纵每缸的四个气门,气门摇臂采用滚轴承,有效地较少了摩擦,进气歧管用轻质材料制造。锻造的连杆经过表面碳化处理,强度提高,使每个连杆的质量降低到258g。在发动机轻量化方面,采取了新材料、新技术和新工艺,使得发动机的质量降低到60 kg。

由于发动机采用铝合金、镁合金和轻质树脂等多种轻质材料制造零件,因此,该发动机是当今世界上最轻的1L发动机。

(4)有效的措施减少运动副中摩擦阻力。为了减小活塞在由下止点向上止点运动因连杆作用力的"拍击"作用而产生的活塞与汽缸壁的摩擦,汽缸中心线与活塞中心线有微小的偏移。活塞微观表面呈波纹状,有利于保持活塞表面的油膜和润滑。活塞装有两道压缩环和 2.0 mm 的油环,压缩环厚度分别为 0.8 mm 和 1.0 mm,采用低刚度弹簧,双环设计可以获得最小的活塞环缩进量,一方面提高了气密性,另一方面还使活塞与汽缸壁的摩擦力大幅降低,与传统的结构相比,可以使摩擦能量损耗减少 10%。

气门摇臂轴和气门摇臂采用滚动轴承,使运动结构件之间的摩擦能量损失降低了 70% 左右,改进后的进气歧管,使泵气损失大大降低,降低了发动机各个部分的摩擦阻力,有效地提高了发动机的效率。

按照日本汽车运行试验法规要求,Insight 混合动力跑车在配置 5 挡变速器时创造了 3L 汽油行驶 105 km 的世界纪录,在配置无级变速器时创造了 3L 汽油行驶 96 km 的好成绩。

3. 丰田普锐斯发动机

普锐斯采用适应于混合动力系统的发动机。该发动机采用了高膨胀比的阿特金森循环、智能可变气门正时(VVT-i)系统、直接点火系统(DIS)和智能电子节气门控制系统(ETCS-i),从而提高发动机性能、改善燃油经济性并实现清洁排放。

二、柴油发动机

目前,柴油发动机在汽车上的应用逐渐增多,在节能和环保技术上已有很大的进展,近年来开发了多种小型化、低油耗、低排放和高性能的四冲程柴油发动机,已被各种混合动力汽车所采用,特别是在混合动力大中型客车上普遍采用,一般所采取的控制策略为:

(1)采用多气门技术、废气涡轮增压技术、增压中冷技术、高压喷射或超高压喷射、电磁定时控制、扩散燃烧和稀薄燃烧等新技术(图 3-5)。

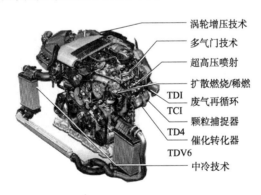

图 3-5 柴油发动机节能和环保的控制策略

(2)采用部分废气再循环来降低 NO_x 或采用新型 NO_x 催化剂来降低 NO_x 的排放。采颗粒滤清器(DPF)减少黑烟中的固体颗粒。柴油机四效催化转化器可以同时净化废气中的 HC、CO、CN_x 和炭颗粒(PM)中的 SOF(Soluble Organic Fraction,有机溶剂可熔成分);采用小型柴油发动机的燃油经济性优于汽油机。

1. 柴油发动机节能和环保的主要技术措施

现代柴油发动机在节能和环保方面,已经采取了各种先进的技术措施。根据混合动力汽车上发动机使用的特点,利用电动/发电机调节功率输出,保持柴油发动机在一定范围内定地运转,充分利用柴油发动机的特性,进一步降低燃料消耗并减少了排气污染,柴油发动机节能和环保的主要技术措施见表3-2。

柴油发动机节能和环保的主要技术措施　　　　表3-2

控制项目	控制对策	控制技术
燃料	提高现有燃料品质	提高柴油十六烷值
	降低燃料中的有害杂质	低硫燃料(含硫量≤0.08%)
	代用燃料	液化石油气(LPG)
		二甲醚(DME)等
提高机械效率	改进活塞裙部结构,降低泵送损失,降低机械摩擦损失	降低活塞与汽缸壁的摩擦,采用偏心销结构
		气门和气道改进
		采用滚动轴承降低摩擦因数
		提高润滑油性能
发动机结构改进	高效燃烧室结构	采用新型燃烧室提高压缩比和控制气流旋转
	活塞顶的形状	控制气流旋转,形成涡旋气流
进气系统	增加进气压和进气量,提高压缩比	废气涡轮增压
		增压中冷技术
		多气门结构
		气门及进气道改进
燃料系统	燃油泵的喷油嘴的控制	采用新型燃油泵对燃料流量精确控制
		喷油嘴小型化和多孔化
		喷油定进控制
燃烧状态	改善燃料雾化,提高对空燃比(A/F)精度的控制,实现扩散燃烧和稀薄燃烧等新技术	燃料直喷技术
		电磁阀定时控制
		缸内燃料喷射
		高压燃料喷射和超高压燃料喷射
		高精度燃料喷射
		多次喷射技术
	急速排放控制	实时转速闭环怠速控制系统
排放后处理	排气净化处理	部分废气再循环系统
		新型NO_x还原催化剂
		氧化、催化器

续上表

控制项目	控制对策	控制技术
排放后处理	排气净化处理	四效催化转化器
	控制尾气中有害气体和炭微粒的排放量	DPE 炭烟和微粒过滤器
		有机溶剂可溶成分 SOF 的过滤
混合动力汽车扩展项目	发动机"开-关"方式控制	用自动控制实现发动机"开-关"控制模式
	发动机起动加速控制	用电动机快速起动发动机
	发动机稳定运转控制	用发电机控制发动机的功率输出的无怠速运转
	制动能量回收控制	制动能量反馈回收系统
	发动机转速控制	发动机保持在最佳效率转速范围内运转

柴油发动机的共轨喷射系统如图 3-6 所示，柴油发动机的直喷系统如图 3-7 所示，柴油发动机的涡轮增压和中冷系统如图 3-8 所示。

图 3-6 柴油发动机的共轨喷射系统

图 3-7 柴油发动机的直喷系统

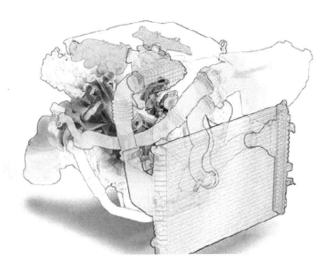

图3-8 柴油发动机的涡轮增压和中冷系统

2. 大众高尔夫TDIHybrid柴油混合动力发动机

大众高尔夫TDI Hyrid混合动力汽车采用的是著名的TDI柴油发动机(图3-9),其结构为直列3缸,排量1.2L,最大功率为75hp,最大转矩为182N·m,其燃油系统采用高压共轨系统。高尔夫TDIHybrid概念车的百公里平均油耗为3.5L,其CO_2排放量可达89g/km的优异水平。其电动机/发电机最大功率为27hp,最大转矩为142N·m。电池采用镍氢电池模块,质量为45kg,电压为220V,储电量为1.4 kW/h。整车配备七速DSG双离合器变速器,采用两片干式离合器,与过去的湿式离合器相比较,具有轻量化的优势。

大众高尔夫TDI Hybrid
柴油混合动力
- 电池：镍氢电池模块,质量45kg、电压220V,储电量1.4kW·h
- 七速DSG双离合器变速器采用两片干式离合器,与过去湿式离合器相较拥有轻量化的优势

a)

b)

图3-9 大众高尔夫TDI Hybrid柴油混合动力发动机

第二节 电 动 机

一、混合动力汽车的电动机系统特点

混合动力汽车利用电动机驱动作为辅助动力,来降低燃料的消耗和实现"低污染",或在纯电动驱动模式时实现"零污染",但又必须对电池组的质量和整车的整备质量进行限制,以减轻 HEV 的总质量。因此,一般电动机/发电机只是在 HEV 发动机起动,车辆起动、加速或爬坡时起作用。混合动力汽车上电动机系统的工作条件以及其工作模式与传统工业电动机相比有着很大的区别,这些区别使得传统工业电动机不适合在汽车上使用。与传统工业电动机相比较,混合动力汽车上所使用的电动机系统,有以下特点。

(1)混合动力汽车上所使用的电动机往往要求频繁起停、频繁加减速以及工作模式的频繁切换(作为电动机使用驱动汽车以及作为发电机使用,实现能量回收及发电的功能),这对电动机的响应性能提出了更高的要求。

(2)混合动力汽车驱动电动机需要有 4~5 倍的过载转矩,以满足短时加速行驶与最大爬坡度的要求;而工业驱动电动机只要求有 2 倍的过载转矩就可以了;另外,混合动力汽车驱动电动机的最高转速要求达到公路上巡航时基速的 4~5 倍,而工业驱动电动机只要求达到恒定功率时基速的 2 倍。

(3)由于汽车内部空间紧张,往往要求电动机系统具有体积小、质量轻以及具有较高的功率密度和工作效率等性能要求。另外,相对于传统工业电动机而言,混合动力汽车上所使用的电动机系统的工作环境更为恶劣,干扰更大,从而要求它具有更高的可靠性、抗震性和抗干扰性。

(4)传统电动机一般工作在额定工作点附近,而混合动力汽车电动机的工作范围相对较宽,且由于混合动力电动机工作模式的特殊性(电动机的工况经常处于动态变化中),额定功率这个参数对于混合动力所使用的电动机而言,没有特别大的意义,所以对其额定功率的要求并不严格,而在高效工作区间,这个参数则更为实际和重要。

(5)在供电方式上,传统工业电动机由常规标准的电源供电,而混合动力电动机所使用的电能来源于蓄电池,且由功率转化器直接供给。另外电动机的使用电压及形式并不确定,从减少功率损耗及降低电动机逆变器成本的角度而言,一般倾向于使用较高的电压。

由此可知,混合动力汽车对它使用的电动机系统有着下面的特殊要求:频繁切换性能好,比功率大,体积较小,抗震性、抗干扰性好,高效工作范围宽,容错能力强,噪声小,以及对电压波动的适应能力和可以接受的成本等。

二、混合动力汽车驱动电动机种类

高功率密度、高效率,宽调速的车辆牵引电动机及其控制系统既是混合动力汽车的心脏,又是混合动力汽车研制的关键技术之一。BMW i8 前轮采用的前置电动机如图 3-10 所示。

图 3-10 BMW i8 前轮采用的前置电动机

混合动力汽车在不同的历史时期采用了不同的电动机,最早是采用了控制性能好和成本较低的直流电动机。随着电子技术、机械制造技术和自动控制技术的发展,交流电动机、永磁电动机和开关磁阻电动机显示出比直流电动机更加优越的性能,这些电动机正在逐步取代直流电动机,图3-11所示为现代混合动力汽车所采用的各种电动机,表3-3 为现代混合动力汽车所采用的各种电动机的基本性能比较。

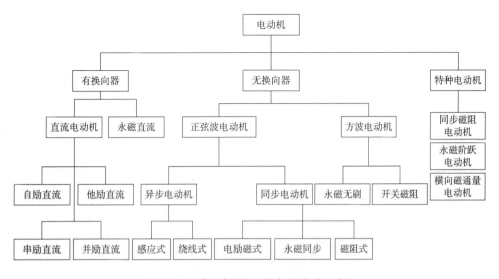

图 3-11 现代混合动力汽车采用的各种电动机

现代混合动力汽车所采用的各种电动机的基本性能比较　　　　表3-3

项目	直流电动机	感应式电动机	永磁式电动机	开关磁阻式电动机
功率密度	低	中	高	较高
过载能力(%)	200	300~500	300	300~500
峰值效率(%)	85~89	94~95	95~97	90
负荷效率(%)	80~87	90~92	97~85	78~86
功率因数(%)	—	82~85	90~93	60~65
恒功率比	—	1:5	1:2.25	1:3
转速范围(r/min)	4000~6000	12000~20000	4000~10000	>15000
可靠性	一般	好	优良	好
结构的坚固性	差	好	一般	优良
电动机外形尺寸	大	中	小	小
电动机质量	重	中	轻	轻
控制操作性能	最好	好	好	好
控制器成本	低	高	高	一般

注：只做各电动机之间的定性比较。

三、混合动力汽车对电动机性能的基本要求

混合动力汽车的驱动电动机的主要参数为：电动机类型、额定电压、机械特性、效率、尺寸参数、质量参数、可靠性和成本等。另外，为电动机所配置的电子控制系统和驱动系统，也会影响驱动电动机的性能。

（1）在允许的范围内，尽可能采用高电压，这样可以减小电动机的尺寸和导线等装备的尺寸，特别是可以降低逆变器的成本。

（2）高转速：电动汽车所采用的感应电动机的转速可以达到8000~12000r/min，高转速电动机的体积较小，质量较小，有利于降低混合动力汽车的整车的装备质量。

（3）质量小：电动机采用铝合金外壳，以降低电动机的质量，各种控制装置的质量和冷却系统的质量等也要求尽可能小。另外，还要求电动机和控制装置在运转时的噪声要低。

（4）电动机应具有较大的起动转矩和较大范围的调速性能，使混合动力汽车有良好的起动性能和加速性能，以获得所需要的起动、加速、行驶、减速、制动等的功率与转矩。电动机具有自动调速功能，因此，可以减轻驾驶人的操纵强度，提高驾驶的舒适性，并且能够达到与发动机汽车加速踏板同样的控制响应。

（5）混合动力汽车应有最优化的能量利用，电动机应高效率、低损耗，并在车辆减速时，实现再生制动能量的回收，再生制动回收的能量一般可达到总能量的10%~15%，这在发动机汽车上是不能实现的。

(6)各种动力电池组和电动机的工作电压可以达到300V以上,其电气系统安全性和控制系统的安全性,都必须符合国家(或国际)有关车辆电气控制安全性能的标准和规定,装置高压保护设备。

另外,电动机还要求可靠性好,耐温和耐潮性能强,运行时噪声低,能够在较恶劣的环境下长时期工作,结构简单,适合大批量生产,使用维修方便,价格便宜等。

全混合系统中的大小电动机如图3-12所示。

在目前的全混合系统中。大的电动机用于单独驱动车辆以及回收减速和制动能量。小的电动机用于发电和极端情况下共同驱动

图3-12 全混合系统中的大小电动机

四、电动机控制系统

在混合动力汽车上对电动机控制系统的终极目的是:保证车辆的安全、节能、环保以及舒适和通信等方面,对混合动力汽车的动力系统(图3-13)、车身、底盘和车载电子、电气设备进行全方位的自动控制。因此对混合动力汽车智能化控制与智能汽车控制系统结构基本相同。车身、底盘、电子、电气设备绝大部分可以与智能汽车通用,但混合动力汽车的特点,就在于动力系统与发动机汽车动力系统有本质的区别。在混合动力汽车上是采用电源-电源转换器-驱动电动机的动力系统,是属于电力驱动技术范畴,因此,对混合动力汽车驱动电动机的控制和智能控制的研究,是混合动力汽车的关键技术。

电动汽车的电动机有多种控制模式。传统的线性控制(如PID),不能满足高性能电动机驱动的苛刻要求。传统的变频变压(VVVF)控制技术,不能使电动机满足所要求的驱动性能。异步电动机多采用矢量控制(FOC),是较好的控制方法。近几年,许多先进的控制策略。包括自适应控制、变结构控制、模糊控制和神经网络控制等适用于电动机驱动。

1.混合动力汽车电动机的控制系统

动力电池组、电流转换器(逆变器)、发动机-发电机组和驱动电动机以及一些电气线路共同组成了混合动力汽车动力系统和驱动力控制系统,因此混合动力汽车的关键是对动力电池组、发动机-发电机组、驱动电动机进行控制或智能控制。

图 3-13　混合动力汽车的动力系统

1-高压直喷及双涡轮增压发动机(330kW/650NM);2-电动机(15kW/210NM);3-8 速自动变速器;4-高压控制单元;5-高压电缆

2.混合动力汽车电动机的控制系统的组成

混合动力汽车上驱动电动机的控制系统基本由以下四部分组成。

(1)信号输入。驾驶人对加速踏板的位移量以及由电动机反馈的信号和监测装置反馈的信号等是混合动力汽车的主要输入信号,该信号一般转换为电信号,经过接口输入计算机中。

(2)信号处理和输出。车载计算机为核心的中央控制器作为信号处理和指令输出的核心,在中央控制器中装有测量元件、乘法器、比较元件、逻辑控制单元、数据库和各种传感器等电子器件,对输入控制信号的输入量进行快速、精确的运算,并产生相应的偏差信号,将运算得出的微弱偏差信号,经过放大元件进行放大或变换,使输出指令的偏差信号足够大,然后通过接口输送到各个控制模块中去。

(3)执行元件。控制模块和各种执行机构是控制系统的执行元件,根据放大元件所放大或变换的偏差信号,控制模块和各种执行机构对被控制对象发出的控制指令,使被控制对象按照规定的指令(参数)运行。

(4)信息反馈。电动机运转监测装置上的传感器,对电动机的运转进行监测,并将电动机运转中的机械量和电量的变化及时反馈到中央控制器,中央控制器将反馈信息进行对比、运算后,对输出的指令进行调整和修改,使被控制对象的运行参数与输入信号的给定值趋向一致,并使被控制对象按照新的指令(参数)运行。

3. 变频器

变频器的安装位置如图 3-14 所示。

图 3-14 变频器的安装位置

在混合动力汽车上,采用动力电池组的直流电作为电源,和采用三相交流电动机作为驱动电动机时,三相交流电动机不能直接使用直流电源,另外三相交流电动机具有非线性输出特性,需要应用变频器中的功率半导体变换器件,来实现直流电源与三相交流电动机之间电流的传输和变换,并要求能够实现频率调节,在所调节的频率范围内保持功率的连续输出,同时实现电压的调节,能够在恒定转矩范围内维持气隙磁通恒定。将直流电变换为频率和幅值可调且电压可调的交流电来驱动三相交流电动机。

变频器总成的结构如图 3-15 所示。

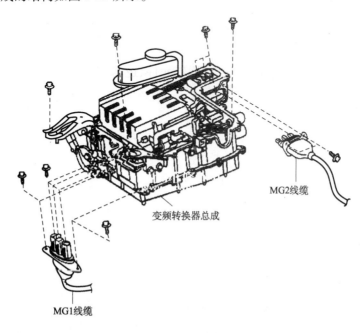

图 3-15 变频器总成结构

用变频器对三相交流电动机进行调速控制的控制系统的特点：

(1)实现了对三相交流电动机的调速控制，拓宽了交流电动机的转速范围，实现恒功率范围内的运转，可以对交流电动机进行高速驱动。

(2)可以实现大范围内的高效率连续调速控制。进行高频率起动和停止运转，并进行电气制动，快速控制交流电动机的正、反转的切换。

(3)所需要的电源容量较小，电源功率因数较大，可以用一台变频器对数台交流电动机进行控制，组成高性能的控制系统等。

变频器的功能如图3-16所示，如果电池组电量不足，则起动发动机通过直流发电机给蓄电池组充电，以保证有足够的能源供给变频器控制电动机通过减速器及差动齿轮驱动前(或后)轮轴，发动机通过自动离合器与电动机同轴安装，在车辆起动时或在市区内行驶时，只由蓄电池组通过变频器向电动机供电，即纯电动驱动；在公路上行驶时，离合器接通，由发动机负责驱动轮轴，此时电动机作为发电机运行，通过变频器给电池补充充电；高速重负载行驶时，电动机与发动机同时驱动轮轴，即混合驱动，以提高驱动功率，实现了节能环保。

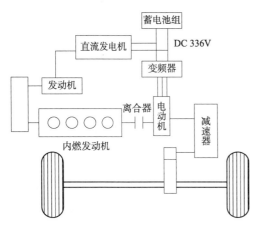

图3-16　混合动力电动汽车变频器的功能

第三节　动力电池

在内燃机汽车上，蓄电池一般作为发动机起动、点火系统、信号系统、照明、刮水器以及车载视听和通信设备等装备的电源。它们所需要的电能容量较小，工作时间较短，蓄电池与发动机、发电机组共同组成内燃机汽车的电气系统。但是在混合动力汽车上，动力电池组必须是具有强大能量的动力电源，除了作为驱动动力能源外，还要向空调系统、动力转向系统等提供电力能源，另一方面还要为点火系统、照明、信号系统、刮水器和洗涤器以及车载视听和通信设备等装备提供低压电源，在混合动力汽车上蓄电池是辅助电力能源，用于作为发动机的辅助动力源，提高整车的动力性能或作为电动机驱动车辆时的电源能源。

一、混合动力汽车对动力电池的基本要求

混合动力汽车的动力电池安装位置如图3-17所示。

各种电池一般是供给直流电，然后经过变频器或逆变器转换成频率和电压幅值可调的

交流电,供给驱动电动机来驱动车辆行驶,一般电动汽车所采用的电力电池组,要求有较大的比能量,而混合动力汽车所采用的动力电池组,则要求有较大的比功率,两种电池在性能方面各有侧重,混合动力汽车对动力电池的基本要求如下。

图3-17 动力电池安装位置

1-锂电池组(120V/0.8kW·h/35颗);2-电池组温度控制器;3-高压电缆

1. 比能量

比能量是保证混合动力汽车能够达到基本合理的行驶里程的重要性能,连续2h放电率的比能量至少不低于44 W·h/kg。

2. 充电时间短

蓄电池对充电技术没有特殊要求,能够实现感应充电,蓄电池的正常充电时间应小于6 h,蓄电池能够适应快速充电的要求,蓄电池快速充电达到额定容量的50%所需时间为20 min左右。

3. 连续放电率高,自放电率低

蓄电池能够适应快速放电的要求,连续1h放电率可以达到额定容量的70%左右,自放电率要低,蓄电池能够长期存放。

4. 不需要复杂的运行环境

蓄电池能够在常温条件下正常稳定、可靠地工作,不受环境温度的影响,不需要特殊加热、保温热管理系统,能够适应混合动力汽车行驶时振动的要求。

5. 安全可靠

蓄电池应干燥、洁净,电解质不会渗漏腐蚀接线柱和外壳,不会引起自燃或燃烧,在发生碰撞等事故时,不会对乘员造成伤害,废蓄电池能够进行回收处理和再生处理,蓄电池中有害重金属能够进行集中回收处理,电池组可以采用机械装置进行整体快速更换,线路连接方便。

6. 寿命长、免维修、制造成本低

蓄电池的循环寿命不低于1000次，在使用寿命限定期间内，不需要进行维护。

二、常用的电池种类

1. 镍氢电池

镍氢电池的正极采用金属氢氧化镍，负极使用锡氢合金。镍氢动力电池具有无污染、高比能、大功率、快速充放电、耐用性等许多优异特性。与铅酸电池相比，镍氢电池具有比能量高、质量轻、体积小、循环寿命长的特点，广泛应用在混合动力汽车上（图3-18）。

行李舱底板下330V镍氢电池

图3-18 镍氢电池

2. 锂离子电池

S400是奔驰首款使用锂离子电池的量产车，相比其他使用电池驱动的混合动力车型，锂离子电池最显著的特点就是体积非常小巧，放在发动机舱中即可（图3-19）。

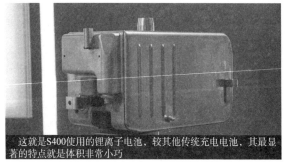

a)

b)

图3-19 S400使用的锂离子电池

S400的混合动力系统属于轻混合动力,主要由一台3.5L发动机和一个电磁发动机组成,其中3.5L是V形6缸发动机,最大功率205kW;电磁发动机则在锂离子电池的驱动下提供15kW的功率和160N·m的起动转矩;这样S400总共能输出220kW的最大转矩和385N·m的最大转矩,百公里加速时间为7.2s。理论综合油耗为8.0L/100km,二氧化碳排放量仅为188g/km。

三、电池管理系统

混合动力汽车的整车性能很大程度上依赖于动力蓄电池,高性能、高可靠性的电池管理系统能使电池在各种工作条件下获得最佳的性能,通过蓄电池管理系统(BMS)来实时监测电池状态,如电池电压、充放电电流等,预测电池最大允许充放电电流,以提升电池性能和寿命,提高混合动力汽车的可靠性和安全性。

根据电动车辆所采用的电池的类型和动力电池组的组合方法,电池组管理系统主要包括:热(温度)管理子系统、电池组管理子系统、线路管理子系统,如图3-20所示。

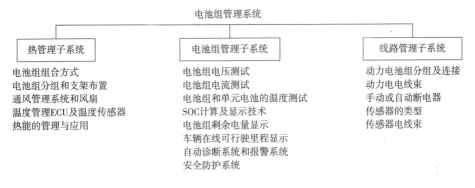

图3-20 电池组管理系统

根据动力电池组在电动车辆上的布置,动力电池组的热管理子系统中,为便于动力电池组或其分组的安装,首先应合理安排动力电池组的支架,要求能够实现机械化装卸,便于各种电线束的连接。在动力电池组的支架位置和形状确定后设计通风管道、风扇、动力电池组ECU和温度传感器等,混合动力汽车上水平布置的温度管理系统如图3-21所示。

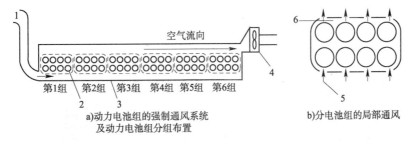

图3-21 动力电池组水平布置的温度管理系统

1-空气吸入管道;2-分电池组;3-动力电池组密封支架;4-冷却风扇;5-分电池组冷却气流;6-温度传感器

第四节　混合动力变速器

一、行星齿轮

1. 行星齿轮结构

在任何汽车变速器中，齿轮都被视为重要零部件之一，无论是自动变速器还是手动变速器，齿轮均可用来传输转矩和动力，并改变车辆的速度和方向，行星齿轮组可视为传输或增加转矩的基本方法，行星齿轮组的组成，如图3-22所示。

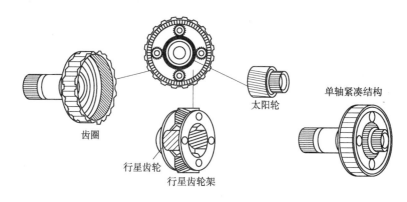

图3-22　行星齿轮组的组成

2. 行星齿轮的传动方式

每个行星齿轮组可以有多种转矩传递方式，如图3-23所示。

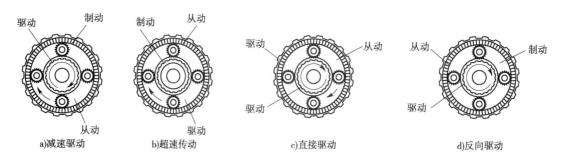

图3-23　行星齿轮的力矩传递方式

1）减速驱动

减速驱动是指太阳轮转动，而齿圈被制动，太阳轮驱动围绕固定齿圈内部旋转的行星轮，此种运行方式致使行星齿轮架也开始旋转，但其速度低于太阳轮，在行星齿轮架驱动输出轴的情况下，该配置大大降低了齿轮速度。

通过运行齿轮系统减速，可增加转矩并降低相对于输入速度的输出速度，即输入速度

(r/min)大于输出速度。

2）直接驱动

输出轴与输入轴的转速(r/min)相对相同时,直接驱动开始,以同样的速度驱动行星齿轮组中任何两种齿轮时,直接驱动起动。这种运作方式使齿轮系中的第三种齿轮以相同速度旋转,在直接驱动中,输入轴和输出轴每分钟旋转数相等。

3）超速传动

驱动行星齿轮架,制动太阳轮,可实现超速传动,当行星齿轮围绕固定太阳轮的外部旋转时,将驱动齿圈以同样方向旋转,但是速度要快于行星齿轮架,随着齿圈驱动输出轴,该种配置实现超速传动。

在超速传动时,输入转矩减少,相对于输入速度的输出速度增加,这意味着,输出轴的速度(r/min)要大于输入轴的速度。

4）反向驱动

反向操作,是通过制动行星齿轮架和驱动太阳轮来实现,该操作导致行星齿轮反向驱动齿圈将速度减慢,而双模式混合动力设备(如电动汽车)及发动机(ICE)中的行星齿轮组不需进行反向操作。

二、电动无级变速器的结构

1. 单模式 EVT

混合动力电动车的电动无级变速器(EVT)有几种配置方式,最简单的方法是进行 INPUT SPLIT 设计,可以利用行星齿轮组对发动机(ICE)和电动机/发电机(M/C)之间的能量输入进行融合,在 EVT 能量输出处增设电动机/发电机。

由于电动机/发电机 A 连接至行星齿轮组太阳轮,因此电动机/发电机 A 的转速有所变化以保持发动机(ICE)最高效率的速度(约 2000r/min)。电动机/发电机 B 以最终驱动速度运行。

电动机/发电机 A 主要发挥发电机性能,以给混合动力蓄电池(ESB)充电,并向电动机/发电机 B 提供电能。INPUT-SPLIT 式 EVT 设计取决于有效功率约为 75% 的电动-机械动力传递路径。通过比较,全机械动力传递路径的有效功率约为 95%。

INPUT-SPLIT 式 EVT 具有单一的行星齿轮组,所以只能用单一速度"宽度"对其进行设计。电动机/发电机 A 在不必旋转也可保持发动机的最高效率速度时,可达到"最高效率"点。这种设计只适用于低速行驶,高速行驶时,需要更大的电动-机械功率,并且燃油经济性效率要低于可比较的非混合动力车辆。因为 INPUT-SPLIT 式 EVT 只有单一速度"宽度",所以其设计被称为单模式 EVT,其结构如图 3-24 所示。

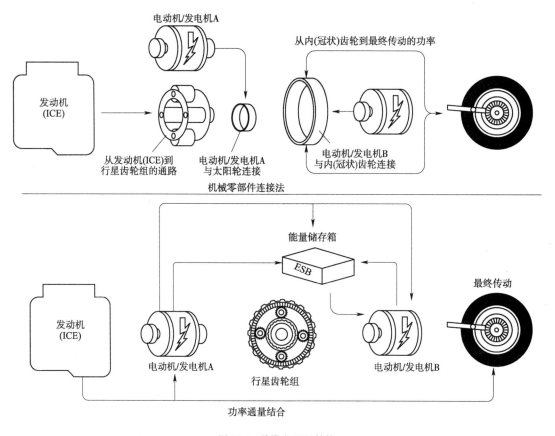

图 3-24 单模式 EVT 结构

仅电力驱动：

(1) 车辆起动后,车速约为 30 m/h。

(2) 始终反向驱动车辆。

(3) 在电动机/发电机 A 和最终传动之间融合发动机输出功率。

(4) 在 ESB 和电动机/发电机 B(最终传动)之间融合电动机/发电机 A 输出功率。

(5) 高速行驶期间,将 ESB 能量传递给电动机/发电机 B。

(6) 在减速/制动期间,最终传动旋转电动机/发电机 B,使其产生电能并为 ESB 充电(再生制动)。

仅机械力驱动:在没有离合器的情况下,输入功率-融合式 EVT 设计依赖于电动机或发电机上的电能,以在车辆推进期间将动力传输给行星齿轮组,由于行星齿轮组"自由轮离合器"的作用,在没有电能的情况下,操作输入功率-融合式 EVT 的任何尝试将导致非常的发动机输入速度和没有(或极低的)输出速度。

2. 双模式混合动力变速器

MG 的双式混合动力电动车辆的电动无级变速器(EVT)是一种 POWERSPLIT 式设计,

POWERSPLIT 设计,即行星齿轮组使变速器的能量输入在发动机和电动机/发电机之间得以融合。附加行星齿轮组置于电动机/发电机和 EVT 能量输出之间,也置于两个电动机/发电机之间。INPUT-SPLIT 与 OUTPUT-SPLIT 设计被称为 COMPOUND-SPLIT EVT,即双模式混合动力变速器,其结构如图 3-25 所示。

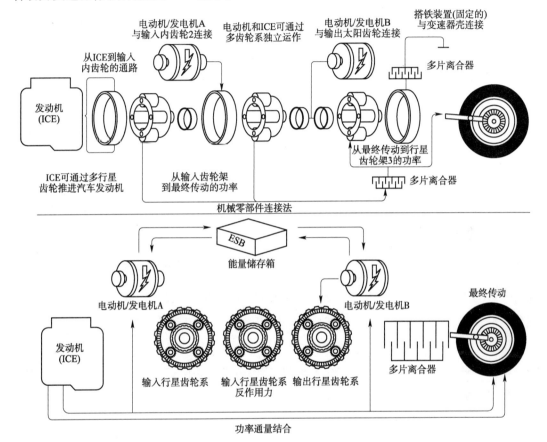

图 3-25 双模式混合动力变速器结构

在附加行星齿轮组的作用下,电动机/发电机 A 和电动机/发电机 B 的速度有所变化以保持发动机最有效率的速度。

在低速/轻载荷的情况下,GM 的双模式混合动力变速器采用 INPUT-SPLIT 设计结构(单模式)。车辆以特定的速率行驶时,变速器内的所有零部件以同样的速度旋转。实现"同步"速度时,启用离合器并运行附加的行星齿轮组,附加行星齿轮组可使 EVT 切换到更高的齿轮传动装置并运行 COMPOUND-SPLIT 模式(双模式)。

带有两个齿轮传动装置的配置下,GM 的双模式混合动力变速器比单模式(输入功率-分离式)混合动力设计拥有更多的功效优点:

(1)较小的混合动力蓄电池储存。

(2)较小的电动机/发电机(M/G)。

(3)在城市区间或高速行驶时,比非混合动力车辆效率高。

(4)有效率更高、更加稳健的全机械功率路径可用。

(5)保持车辆最高效率速度或牵引时,本身性能没有损耗。

电力驱动:

(1)车辆起动后,车速约 30 m/h。

(2)始终反向驱动车辆。

电力-机械力驱动:

(1)在电动机/发动机(M/G)A 和最终传动之间融合 ICE 输出功率。

(2)高速行驶期间,将 ESB 能量传递给电动机/发电机(M/G)B。

(3)在减速/制动期间,最终传动旋转电动机/发电机(M/G)B 产生电能并为电池组充电(再生制动)。

仅机械力驱动:在特定速度和载荷期间,多片离合器制动行星齿轮组,可使发动机在无任何电能使用的情况下推进车辆行驶。

由于单一模式(INPUT-SPLIT)设计只依赖于电动-机械功率路径,因此在大量能量需求期间,车辆混合动力蓄电池将会放电。在混合动力蓄电池电量较低的情况下,车辆的最高时速会有所降低,因为发动机(ICE)必须推进车辆而不能够支持混合动力蓄电池电能。GM 的双模式混合动力变速器可利用全机械功率路径,因此不需要电能来保持所需的车辆运行。

例如,生活中的变速自行车,带有单齿轮传动装置的自行车如要登上陡峭的阶梯,需要身材高大、体质健壮的骑手,同时在登上阶梯时,该骑手很难快速地蹬自行踏板并且将消耗很多能量,如图 3-26 所示。

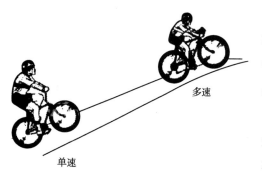

然而将多齿轮传动装置安装在自行车上,身材较小的骑手也能登上同样陡峭的阶梯,并且与带有单齿轮传动装置的自行车相比,他将消耗较少的能量。

具有单一模式(INPUT SPLIT)设计的单模式混合动力车辆只配置一个行星齿轮组,所以它有与单速自行车很像的单齿轮传动装置。而在构造一辆混合动力-电动的运动型车辆时,能量

图 3-26 多速自行车示意图

需求必须包括如牵引重载荷等情况。没有多齿轮传动装置的情况下,混合动力电动汽车零部件的型号不容易或不可能与车辆相结合或满足驾驶人的期望。

第四章 混合动力系统的维修

第一节 维修安全注意事项

汽车必须符合一定的安全规则,其中高压电气系统是纳入安全模式的系统之一。作为混合动力汽车,为确保其安全操作及维修的安全,必须遵守这些安全规则。

我国规定工频电压有效限值为50V,直流电压的限值为120V。潮湿环境中工频电压有效值限值为25V,直流电压限值为60V,在混合动力车辆维修前需要了解车辆为操作与维修设置的元件或功能,遵循适当的维修程序。

一、高压安全防护要求

(1)高压危险提示。车辆使用者和维修者应注意车辆上会有一些高压危险的提示,如图4-1所示。以通用汽车公司为例,通用汽车公司将任何60V的直流电的电压确定为高压,每个汽车厂家均会规定专门的预防措施及要求。

(2)维修人员必须佩戴必要的安全防护用品,如绝缘手套(需准备防高压电工手套以及防电池电解液酸碱性两种手套)(图4-2)、绝缘胶鞋(图4-3)、绝缘胶垫(图4-4)和防护眼镜(图4-5)等,其耐压等级必须大于需要测量的最高电压;

图4-1 高压危险提示

  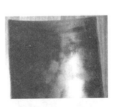 

图4-2 绝缘手套　　图4-3 绝缘胶鞋　　图4-4 绝缘胶垫　　图4-5 防护眼镜

(3)使用万用表测量高压时,需注意选择正确量程,检测用万用表精度不低于0.5级,要求具有直流电压测量挡位,量程范围大于或等于500V,并遵守"单手操作"原则。

(4)所使用的万用表一根表笔线上配备绝缘鳄鱼夹(要求耐压为3kV,过电流能力大于5A),测量时先把鳄鱼夹夹到电路的一个端子,然后用另一只表笔接到需测量端子测量读数。每次测量时只能用一只手握住表笔;测量过程中,严禁触摸表笔金属部分。

(5)在维修作业前请采用安全隔离措施(使用警戒栏隔离),并树立高压警示牌,以警示相关人员,避免发生安全事故,如图4-6所示。

a)　　　　　　　　　　　　b)

图4-6　树立高压警示牌

二、高压安全装置

汽车厂家还会在汽车内部安装安全装置,高压安全装置包括但不限于下列事项:

(1)蓄电池断开装置。

(2)故障绝缘检测。

(3)高压电路互锁保护。

(4)手动断电装置。

(5)用于识别电压级别的独特颜色导线管。

除高压标准外,通用汽车公司进一步规定30V直流电及延60V直流电的电压为中压。通用汽车公司的规定还包括通过采用指定的颜色来识别这些电压级别。其中蓝色的导线管指示中压电线,橙色的导线管指示高压电线/电缆。这些颜色有助于区别中压、高压电线和传统的低压(12V)电线,如图4-7所示。

图4-7　采用指定的颜色识别电压级别

1. 蓄电池断开装置

如图4-8所示,混合动力汽车利用蓄电池电压断电装置进行断电,并将混合动力蓄电池电压与汽车的其他部位绝缘。这些断电装置可由一个控制模块自动控制或由人进行手动控制。

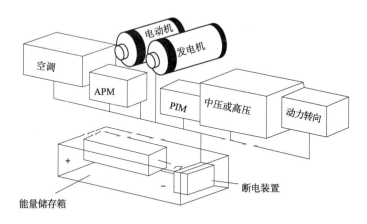

图4-8 混合动力蓄电池电压的断电装置

蓄电池电压的自动断开模块(BDM)位于能量储存箱(ESB)内,其位置如4-9所示,该模块由电子装置控制。一些特定事件发生时,BDM可以保护潜在高压/大电流混合动力电路。这些特定事件包括:

(1)气囊打开。
(2)检测到绝缘故障。
(3)高压互锁回路(HVIL)电路启动。
(4)控制模块检测到系统故障,并设置相应的故障码(DTC)。
(5)维修技术人员已开启手动断电开关。

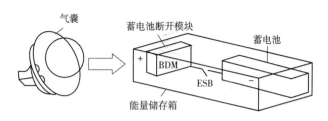

图4-9 蓄电池断开模块位置

2. 手动断电装置

在汽车搁置/存储期限很长(多于30天)的情况下,要开启手动断电装置的开关,以防止可能发生的混合电力蓄电池的放电损耗。在执行某些维修程序前,也要开启手动断电装置,以确保在维修人员未知的情况下,汽车不能重新通电。

如图 4-10 所示,断开辅助蓄电池负极端子电缆,断开混合动力蓄电池电压。辅助蓄电池位于行李舱的左侧。

图 4-10　手动断电装置

3. 故障绝缘检测

虽然断电装置已断开汽车其余部位的混合动力蓄电池电压,但是由于控制模块的内部电容,连接这些部位的一些模块和电线可能依然存有高压。在蓄电池断电期间,要规范地操控这些电容器,使其通过各自的控制模块放光存储的能量。然而能量的放电将需要几分钟的时间。实施任何维修作业前,应采用适当的电压表始终检测高压线、连接器和模块的电压,如图 4-11 所示。

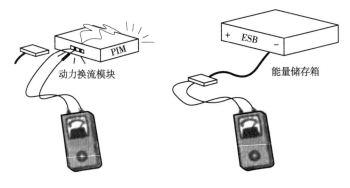

图 4-11　维修前要始终检测高压线、连接器和模块

混合动力汽车上的控制模块始终监测高压系统零部件和汽车底盘之间的电压,经检测汽车底盘有高压的情况下,该控制模块要求启动自动蓄电池断电装置以降低电击风险。然后由经上岗培训的维修人员采用专用检测器来检验高压线零部件的完整性并确认短路零部件的位置。

如图 4-12 所示,确保高压电容器端子电压为 0V(检测仪分度值:750V 或更高)。

4. 高压互锁回路

有些混合动力车型设有互锁回路电路,如图 4-13 所示,互锁电路是典型的小型线路测量回路,凭借高压电线/电缆走向且经过相同的零部件和模块,在高压零部件即将运作的情况下,互锁回路也将启动并向控制模块发出信号,高压线路可用并可能存在电击风险,互锁回路电路的启动可引起控制模块对自动蓄电池断电装置开启的要求,以降低电击风险。互锁开关(连接器)位置如图 4-14 所示。

第四章 混合动力系统的维修

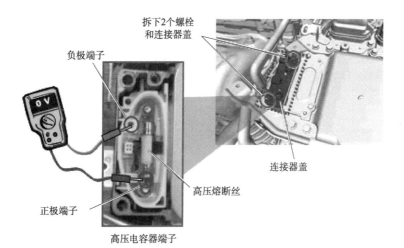

图 4-12　确保高压电容器端子电压为 0V

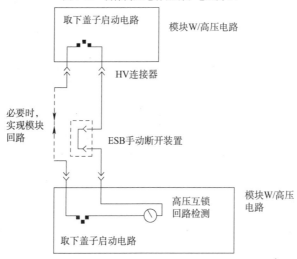

图 4-13　高压互锁回路电路

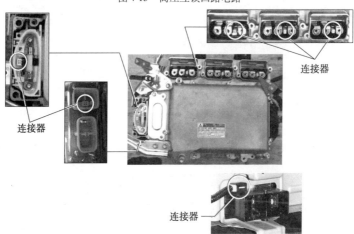

图 4-14　互锁开关(连接器)位置

5. 防止电弧伤害

1) 更换熔断器时

随着电压等级的攀升,零部件受损和人身伤害的可能性也会增加。42V 电压系统产生电弧的可能性是 14V 电压系统的 50~100 倍。此种电弧的温度可达 1800°F(约 982.2℃),如图 4-15 所示,如果未按适当的程序操作或缺乏适当的知识,像更换熔断器这样的操作都可能引起危险。

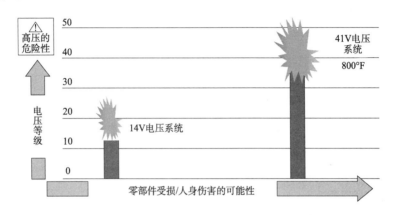

图 4-15　零部件受损及人身伤害的可能性

例如,14V 熔断器和 42V 熔断器的外观看起来一样,并且好像可以进行物理互换,但是 14V 熔断器不能保护 42V 电压系统,熔断丝元件的导线之间没有足够的"空间"。如将 14V 熔断器安置在 42V 电路上,就会出现负荷过多的情况。14V 熔断器允许 42V 电压电流穿过导线,但是会产生电弧,在熔断器元件完全断开的情况下,电路会依然保持通电,两种熔断器对比如图 4-16 所示。

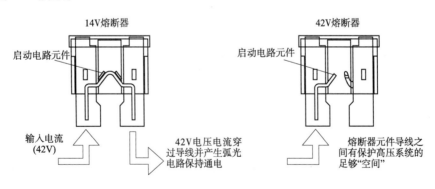

图 4-16　14V 熔断器和 42V 熔断器的对比

拆下维修塞把手,并将拆下的维修塞把手置于口袋中(图 4-17)。

拆下维修塞后,等待 10min 或更长时间以使高压电容器放电(图 4-18)。

2) 断开连接器时

还有一个注意事项,那就是断开中压和高压连接器时所产生的电弧,如图 4-19 所示,断开带有电压和电流的端子时,零部件很可能受损,人身也可能受到伤害,在中压/高压系统上或其附近从事任何维修作业时,必须遵循适当的电能储存箱(ESB)手动断电和/或高压断电程序。

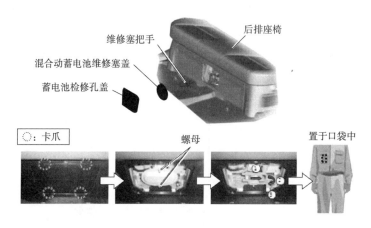

图 4-17　拆下维修塞把手

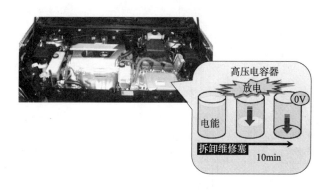

图 4-18　拆下维修塞后等待 10min

图 4-19　断开有电流的高压连接器是有危险的

三、混合动力系统维修注意事项

混合动力系统使用高压电路,因此不正确的操作可能导致电击或漏电。在检修过程中(例如安装拆卸零件或检查、更换零件),必须遵守下列几个注意事项。

(1)断开电源。

(2)使用绝缘手套的注意事项。

(3)线束和连接器的注意事项。

(4)维修或检查时的注意事项。

1. 对高压系统进行操作时断开电源

(1)确保电源开关关闭。

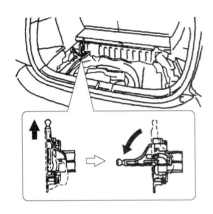

图 4-20 拆检修塞

(2)从辅助蓄电池上断开负极端子电缆。

(3)一定要戴绝缘手套。

注意:DTC(故障码)也会被清除,因此断开电源之前必须检查 DTC。

(4)拆下检修塞(图 4-20)。

注意:①拆下检修塞后,不要操作电源开关,否则可能损坏混合动力车辆控制 ECU。

②检修车辆时,应将拆下来的检修塞放到衣袋内,以防止其他技师重新连接检修塞。

(5)放置车辆 5min。至少需要 5min 对变频器内的高压电容器进行放电。

2. 使用绝缘手套的注意事项

(1)戴绝缘手套之前,确保绝缘手套没有破损、破洞或裂纹等,如图 4-21 所示。

(2)绝缘手套检查推荐程序如图 4-22 所示。

(3)不要戴湿手套,不能带水进行操作,保证内外表面洁净、干燥,确保安全。

图 4-21 检查绝缘手套

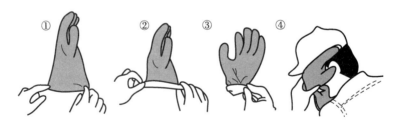

图 4-22 绝缘手套检查推荐程序

①-将手套侧放;②-卷起开口 2~3 次;③-对拆开口以将其封住;④-确认没有空气泄漏

3. 线束和连接器的注意事项

高压电路的线束和连接器都是橙色。另外,HV 蓄电池等的高压零件都贴有"高压"警示,小心不要触碰到这些配线。

注意:高压线束装配时,必须按照车身固定孔位要求将线束固定好。

不能用手指触摸高压线束插接件里的带电部分以免触电,另外应防止有细小的金属工具或铁条等接触到接插件中的带电部分;

4. 进行维修或检查时的注意事项

(1)开始工作前,一定要断开电源。

(2)检查、维修任何高压配线和零件时,必须戴绝缘手套。

(3)在对高压系统进行操作时,用类似"高压工作,请勿靠近!"的警告牌警示其他技师。

(4)不要携带任何类似卡尺或测量卷尺等的金属物体,因为这些物体可能掉落而引起短路。拆下任何高压配线后,立刻用绝缘胶带将其绝缘(图4-23)。

(5)一定要按规定转矩将高压螺钉端子拧紧。转矩不足或过量都可能导致故障。

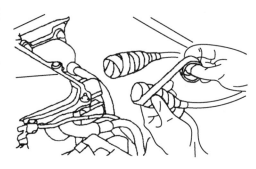

图4-23　绝缘高压线

(6)完成对高压系统的操作后和重新安装检修塞前,应再次确认在工作平台周围没有遗留任何零件或工具,并且确认高压端子已拧紧、连接器已连接。

第二节　混合动力汽车的常见维修程序

一、诊断

1.诊断前的安全事项

对混合动力部件进行诊断时,必须采取以下措施:

(1)对混合动力车辆进行诊断操作的法规要求:对装配高压车载电气系统的车辆进行诊断操作的人员必须已经修完专业认证课程。

(2)关于对高压车载电气系统进行作业的一般安全性信息:高压车载电气系统部件的电压高于48V,触摸这些部件会导致危险。任何情况下,都不得触摸高电压系统上裸露的导线或裸露的导电触点。这尤其适用于事故车辆,因为其上是否带有工作电压尚属未知。严禁体内带有电子植入装置(如心脏起搏器)的人员对高压车载电气系统进行作业。

(3)对高压车载电气系统进行作业的预防性措施:车辆安装的高压车载电气系统的所有部件均带有黄色的警告贴。所有高压电线均带有警告色(橙色),如图4-24所示。

2.混合动力控制系统的故障诊断

任何混合动力汽车均会配有故障诊断仪,不同车型的故障诊断仪不同,下面以丰田普锐斯为例。智能测试仪Ⅱ(intelligent testerⅡ)如图4-25所示,是丰田汽车公司最新推出的第二代汽车检测仪,支持丰田和雷克萨斯所有装备CAN BUS系统的车型。智能测试仪Ⅱ采用手持电脑,结构紧凑坚固,触摸屏操作,中文显示。诊断功能支持所有可诊断系统:防盗、ABS、安全气囊、发动机和变速器等。智能测试仪Ⅱ内置双通道示波器和万用表,极大地扩展了仪器功能。

图4-24 高压车载电气系统部件上的警告贴

图4-25 智能测试仪Ⅱ(intelligent tester Ⅱ)

1)故障诊断步骤

步骤1:车辆进入车间。

步骤2:分析客户所述故障。

步骤3:将智能测试仪Ⅱ连接到DLC3(数据链路连接器),如果测试仪显示通信故障,检查DLC3。

步骤4:检查并记录DTC和定格数据。如果输出与CAN通信系统有关故障的DTC,则首先检查并修理CAN通信。

步骤5:清除DTC。

步骤6:故障症状确认。若故障未出现,进行步骤7。若故障出现,进行步骤8。

步骤7:症状模拟。

步骤8:检查DTC。

步骤9:查DTC表。

步骤10:电路检查。

步骤11:故障识别。

步骤12:调整和/或修理。

步骤13:确认故障试验。

步骤14:结束。

注意:步骤3~5、步骤8使用智能测试仪Ⅱ。

2)故障自诊断系统

HV控制ECU有自我诊断系统。如果不正当操作混合动力车辆控制系统或其他组件,ECU会检测出故障,使组合仪表上的主警告灯(图4-26)点亮,或者在复式显示器上其他灯点亮,如HV系统警告灯(图4-27)、蓄电池警告灯或放电警告灯。

第四章 混合动力系统的维修

主警告灯点亮表示 THSⅡ 有故障,在检查模式下主警告灯闪烁。

图 4-26 主警告灯

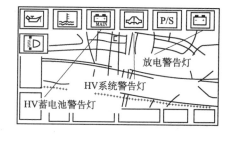

图 4-27 HV 系统警告灯

将智能测试仪Ⅱ连接到车辆上,并读取车辆 ECU 输出的各类数据。车载计算机在检测到本身或驾驶系统组件故障时,会点亮仪表板上的发动机检查警告灯(CHK ENG 灯,图 4-28)。另外,可应用的诊断故障码(DTC)被保存在 HV 控制 ECU 存储器中。如果故障没有重现,则 CHK ENG 灯会在电源关闭后关闭,而 DTC 将继续保存在 HV ECU 存储器中。

将智能测试仪Ⅱ连接到车辆的数据链路连接器3(DLC3)上(图 1-29),以便检测 DTC。智能测试仪Ⅱ还可以帮助清除 DTC,或者检测定格数据和不同类型的 THS-Ⅱ数据。

图 4-28 发动机检查警告灯
(CHK ENG 灯)

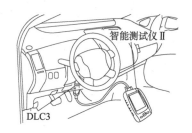

图 4-29 智能测试仪Ⅱ与车辆的数据
链路连接器3(DLC3)的连接

二、断电

为确保执行维护操作时不存在电击风险,必须将高压车载电气系统断电,并防止其重新激活。混合动力汽车高压断电系统如图 4-30 所示。电气断开部位有两处:一处是紧急维修开关;另一处则是主继电器。

三、对车辆进行作业

对车辆进行作业时的高电压安全预防措施。

发生事故时,断开高压蓄电池以及为整个高压车载电气系统放电分两级进行:

(1)第一级,触发安全带紧急拉紧器:可通过打开或关闭点火开关来取消该关闭功能。

(2)第二级,触发安全带紧急拉紧器:只有经培训人员才可取消该关闭功能。

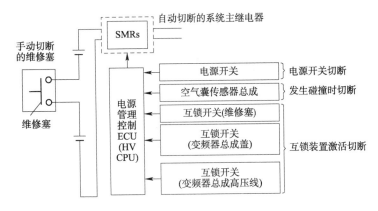

图 4-30 混合动力汽车高压断电系统

采取修理措施之前或发生碰撞之后,将高压车载电气系统断电。对高压车载电气系统断电时必须遵照诊断辅助系统(DAS)中的最新步骤:

(1)读取故障码存储器。

(2)关闭点火开关,以关闭发动机。

(3)断开 12V 蓄电池。

(4)断开蓄电池管理系统(BMS)控制模块上的高电压互锁(HVIL)电气连接器。这会导致高压蓄电池模块中的保护开关立即断开。

(5)断开高压蓄电池与 DC/DC 转换器之间的连接器。

(6)安装和锁止高电压激活锁。

(将钥匙放在安全的地方)!

(7)检查确认高电压激活锁处无电压。

(8)将停用记录文件放在车上容易看到的位置。

①车上的高电压安全性装置高电压互锁:

a.导电环贯穿整个高压车载电气系统。

b.如果通过导电环传送的信号中断,则高压车载电气系统断电并放电。

②高电压激活锁:

a.授权服务中心人员断开蓄电池管理系统(BMS)控制模块上的高电压互锁(HVIL)电气连接器时,整个高压车载电气系统关闭(HVIL 打开),并通过接通点火防止系统重新激活。

b.安装高电压激活锁可进一步防止高压车载电气系统被重新激活。

③电绝缘:高压车载电气系统与车身和 12V 车载电气系统绝缘。因此,发生绝缘故障时,高压车载电气系统仍然是安全的,且无须采取其他安全预防措施。

④监测绝缘电阻:

a.检测整个高压车载电气系统中的绝缘故障。

b. 故障可在显示系统中加以显示。

⑤对电流危险的保护：

a. 防止直接接触高电压部件。

b. 通过颜色识别操作过程中带有高压电的部件(橙色电缆)。

c. 高电压部件的相关警告信息。

⑥发生事故时,通过触发烟火隔离器来关闭高压车载电气系统,烟火隔离器由防护装置控制模块促动(碰撞检测)：

a. 断开电源和存储装置的所有接头。

b. 停用发电机操作(电动机和DC/DC转换器)。

c. 将中间电路电容器放电,以使其电压降至危险电压范围以下。

⑦发生短路时,关闭高压车载电气系统：发生短路(软件和熔断丝)时逐级关闭。

⑧主动放电：使中间电路电容器放电至危险电压范围以下,以免受剩余电压的影响。

四、对维修人员的要求

为能对混合动力车辆进行维护和修理操作,授权服务中心人员必须修完高电压培训课程。此外,只有符合以下要求时,授权服务中心人员才可对高电压部件进行作业或拆卸：

(1)取得"机动车辆高压车载电气系统电气技师"资格。

(2)修完高电压基础培训课程。

(3)修完高电压产品培训课程。

对高电压部件进行作业或拆卸之前,必须采取规定的高电压安全预防措施,且断电状态[诊断辅助系统(DAS)、仪表板]必须正常。如果断电状态不正常,则不可进行操作。

第三节　典型混合动力系统的维修

一、英菲尼迪 UKDA-Y51 油电混合动力系统

1. 锂离子电池

1) 基本结构

英菲尼迪车 UKDA-Y51 油电混合动力系统采用高功率的薄层分电池式锂离子电池,是目前镍氢电池功率密度的2倍,可以执行快速的充、放电。锂离子电池组由12个电池模块串联构成,每个电池模块由8个分电池构成,每个薄层式分电池的额定电压为3.6 V,这样电池组的额定电压为356 V。

电池冷却方式一般分为空气冷却和液体冷却两种。空气冷却方案设计主要考虑电池系统结构的设计，风道、风扇的位置及功率的选择，风扇的控制策略等。液体冷却方案设计主要考虑冷却管道，流场，进出口冷却剂的流量、温度、压降、水泵及整车空调压缩机的控制策略等。

锂离子电池组的空气冷却系统结构及气流途径如图4-31所示，由于有均匀的气流供应和精确的冷却风扇控制，使得锂离子电池的寿命得以大幅延长。

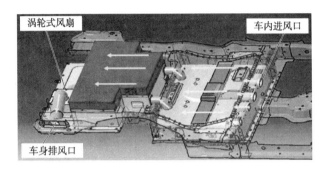

图4-31　锂离子电池组的冷却系统结构及气流途径

2）电池模块的更换和充电/放电操作

电池模块有两种，是有极性之分的，在维修更换时一定要注意区分极性。在更换一个电池模块时，所有电池模块必须要有相同的电压，如果有电池模块的电压不一致，在用CONSULT-Ⅲ Plus进行自诊断时会显示故障代码（表4-1），因此，要使用充电/放电器（图2）来让每个电池模块的电压相同。充电/放电器具有电池模块类型和极性自动检测功能，同时适用于Y51 Hybrid及EV LEAF的电池模块（图4-32），能够预估充电/放电时间，可监控电池模块温度及电池室门的开启关闭状态以确保安全。一辆车一次只能更换一个电池模块，如果下述工作流程步骤1中的第a、d和e项都符合要求，则可以只更换一个有故障的电池模块，即使只有其中一项不符合要求，也必须更换全部12个电池模块。电池模块充/放电操作的工作流程如下。

充电/放电器自诊断故障代码及其含义　　　　　　　　　表4-1

故障码	含　　义	故障码	含　　义
00	未使用	07	EV 分电池初始电压不均
01	无 EV 或 HEV 电池模块	08	充电/放电时 EV 分电池初始电压不均
02	电池模块温度过高	09	—
03	未连接 EV	10	未使用
04	EV 连接不当	11	未使用
05	EV 总电压不足	12	未连接 HEV
06	EV 总电压过高	13	HEV 连接不当

第四章 混合动力系统的维修

续上表

故障码	含义	故障码	含义
14	HEV 总电压不足	26	分电池电压相较于总电压不正确
15	HEV 总电压过高	27	超出电压测量容许误差
16	HEV 分电池初始电压不均	28	测得电流超过设定值5%以上
17	充电/放电时 HEV 分电池初始电压不均	29	测得电压超过设定值5%以上
20	未使用	30	未使用
21	单元与机盒之间没有连接	31	电池模块电压过高保护
22	电池模块盒内的熔断丝烧断	32	定电流充电模式时间超时错误
23	电池室门处于开启状态	33	定电压充电模式时间超时错误
24	充电单元错误	34	因 CPU 错误而没有显示
25	充电单元报警		

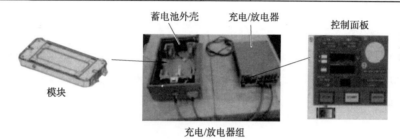

图 4-32 充电/放电器

(1)步骤1,决定可更换的电池模块数。

①读取 LBC(锂离子电池控制器)的故障码。

②进行分电池电压检查。

③缩小故障电池模块的范围。

④确认电池组的制造日期。从蓄电池组序号(图 4-33)中读出制造日期,在蓄电池组序号标签上零件号的下方有一个10位数的识别码。a 和 b(也就是第一位和第二位数)是制造年份的末两位数;c(第三位数)是制造月份,A 表示 10 月,B 表示 11 月,C 表示 12 月;d(第四位数)是制造日期,第四位数之后是序号(由 6 位数构成)。从制造日期起算,17 个月以内的蓄电池可以只更换一个电池模块。其他情况需要 12 个电池模块一起更换。

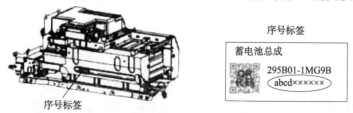

图 4-33 蓄电池组序号标签位置及含义

⑤检查电池模块过去的更换记录。如果同一个蓄电组中过去已经更换过一个电池模块,则不能再更换另一个电池模块,在这种情况下,所有的 12 个电池模块必须全部更换。但是,如果过去曾更换过所有的 12 个电池模块,则可以更换其中一个电池模块。

(2)步骤 2,充电/放电。

①决定目标电压。使用电路测试设备来测量所有电池模块的电压(有故障的电池模块除外),电路测试设备应有 1/100 V 的精度。应将最低的电池模块电压设定为充电及放电的目标电压,如果所有电池模块测试的结果中 28.82 V 为最低电压,则应该将目标电压设定为 28.80 V。如果测得的最低电压低于 28.80 V,则应将目标电压设定为 28.80 V。特别提醒:无论是要更换一个电池模块还是要更换所有的 12 个电池模块,均需对所有的 12 个电池模块(包括新的电池模块)进行放电及充电。

②进行充/放电器设定及操作。

(3)步骤 3,最终检查。将电池模块安装到车辆上,使用 CONSULT-Ⅲ Plus 的数据监控功能来检查最大分电池电压及最小分电池电压,以确定电压差是否在规定值(100 mV)内。如果最大分电池电压与最小分电池电压之间相差超过 100 mV,在车辆行驶中会检测到故障码,因此一定要确保电压差在 100 mV 以下。

2. 电动机

英菲尼迪车 UKDA-Y51 油电混合动力系统采用的电动机构造如图 4-34 所示。图中有一个称为解析器的旋转位置传感器,它位于与电动机相同的轴线上,用于精确地控制电动机,解析器的结构和工作原理如图 4-35 所示。

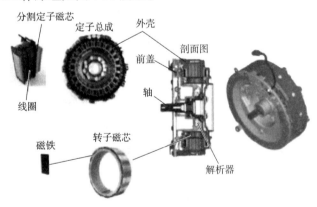

图 4-34　英菲尼迪车 UKDA-Y51 油电混合动力系统采用的电动机构造

英菲尼迪车 UKDA-Y51 油电混合动力车采用的 7 速自动变速器主要构成如图 4-36 所示,其中的逆变器其实就是一个反向的转换器,即将 DC 转换成 AC,如果按照商用电源的原始状态使用,改变其电压将会造成损耗,改变其频率是不可能的,其控制弹性将会非常小,如图 4-37 所示,如果使用逆变器,其频率和电压都可以改变,其控制弹性比较大。逆变器的车辆系统配置如图 4-38 所示,逆变器用于配合转速控制,它能控制发动机的起动及换挡时的转速同步,用于配合转矩控制,它能控制 EV 行驶及 HEV 行驶辅助转矩大小。逆变器的结构如图 4-39 所示,其电路配置和电动机控制电路如图 4-40 所示。

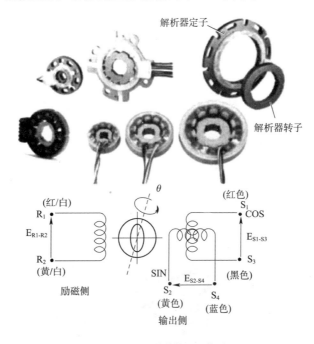

图 4-35　解析器的结构和工作原理

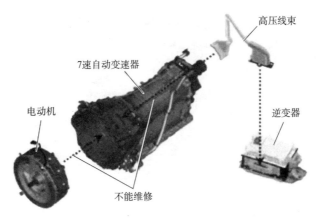

图 4-36　英菲尼迪车 UKDA-Y51 油电混合动力车用 7 速自动变速器的构成

图 4-37　逆变器的功能

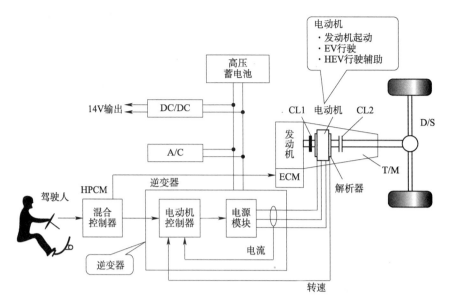

图 4-38 逆变器的车辆系统配置

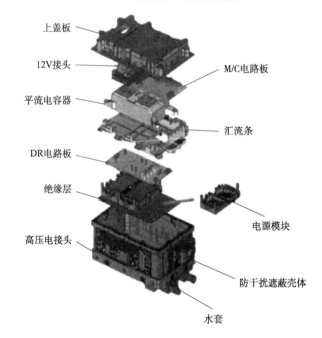

图 4-39 逆变器的结构

3. LBC 系统的构造

LBC(锂离子电池控制器)系统的构成如图 4-41 所示,其中 DC/DC 转换器是个非常重要部件,DC/DC 转换器是用来将锂离子电池的高压 DC 转变为 DC14V 以便为 12V 蓄电池(12V 蓄电池用来操作车上的各种电气装置)充电,这里 DC/DC 转换器的角色类似于传统汽油发动机车辆上的发电机。如图 4-42 所示,英菲尼迪车 UKDA-Y51 油电混合动力车的 DC/

DG 转换器安装于行李舱内的锂离子电池组中，DC/DC 转换器和锂离子电池都由一个冷却风扇进行冷却。当车辆的 12V 蓄电池电量消耗增加而导致蓄电池电压下降时，如图 4-43 所示，系统会停止对空调、座椅等的供电以便维持适当的电压。

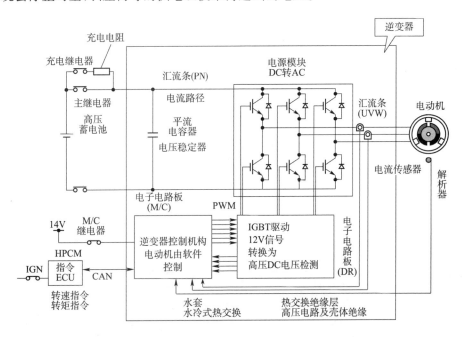

图 4-40　逆变器的电路配置（电动机的控制）

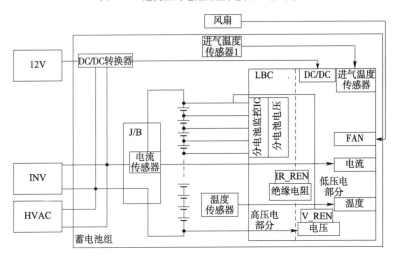

图 4-41　LBC（锂离子电池控制器）系统的构成

系统会监测 DC/DC 转换器的作用情况并将数据传送给 HPCM，如果 DC/DC 转换器发生故障，例如输入电压过低保护、输入电压过高保护、过热保护（省电）、过热保护（停止作用）、转换器故障、输出端子被拔出等，12V 蓄电池警告灯会点亮，如果冷却系统有故障（导管堵塞、导管脱落、后置物架进气口被遮盖等），保护功能可能会启动。

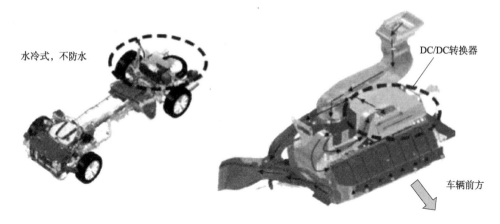

图 4-42　DC/DC 转换器在车上的安装位置

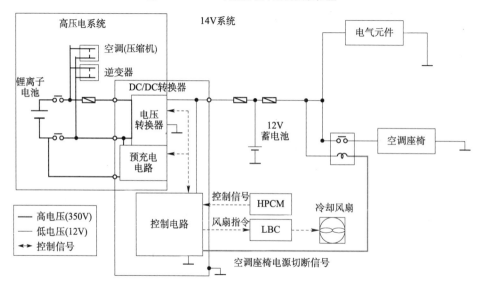

图 4-43　蓄电池电压下降时系统停止对空调、座椅等的供电

二、丰田普锐斯混合动力系统

混合动力系统主要部件的位置如图 4-44 所示。

对高压系统进行操作时,一定要戴上绝缘手套。拆下检修塞后,不要操作电源开关,否则可能损坏混合动力车辆控制 ECU。检修车辆时,将拆下来的检修塞放到口袋内,以防其他技师重新连接检修塞。拆下检修塞后 5min 内,不可触摸高压连接器或端子。

1. 维修时需注意的高压部件

由于车内有 500V 的电气零件和电路、高碱性的 HV 蓄电池电解液(氢氧化钾),因此,在维修普锐斯车辆时,如果操作方法不当或工作中疏忽大意,都有可能造成严重电击或身体被伤害的潜在危险。

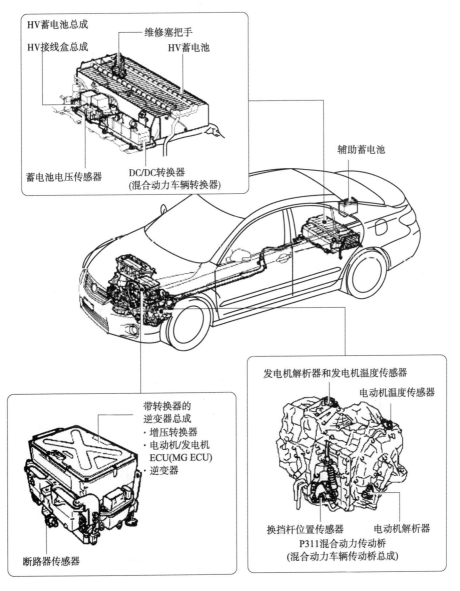

图 4-44　混合动力系统主要部件的位置

为了便于识别,普锐斯车内所有的连接高压回路部分的电缆和连接器均为橙色,如图 4-45 所示。高压回路与其他回路以及车身相互绝缘,高电压系统部件包括 HV 蓄电池、变速驱动桥、DC/DC 转换器、升压转换器和维修塞。

2. 控制系统结构

混合动力控制系统主要部件位置如图 4-46 所示。

3. 混合动力系统检查

1)检查变频器

检查前应戴好绝缘手套。检查转换器和变频器前先检查 DTC,并进行相应的故障排除。

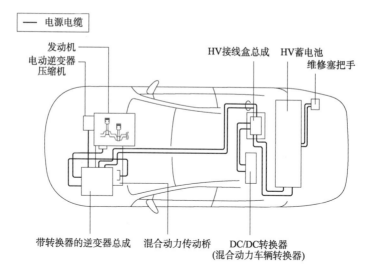

图 4-45 连接高压回路部分的电缆为橙色

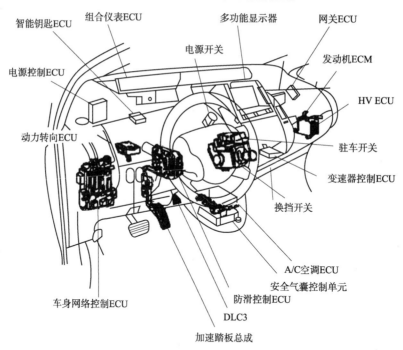

图 4-46 混合动力控制系统主要部件位置

2）检查输出电流

（1）从变频器上断开 MG1 和 MG2 电线。

（2）安装电压表和交流/直流 400A 的探针。

（3）将 MG1 和 MG2 电线连接到变频器。

（4）在 READY 灯亮的条件下，依次操作 12V 的电气设备，然后测量输出电流。

标准：大约 80A 或更小。如果输出电流为 0A 或大于 80A，则检查输入/输出信号。

3）检查输入/输出信号

（1）如图4-47所示断开连接器。

（2）用电压表测量车身搭铁与车辆侧线束连接器的端子间的电压，此电压应与辅助蓄电池端子电压相同。

（3）断开连接器。

（4）打开电源开关（在IG位置），用电压表和欧姆表测量车辆线束侧连接器端子（图4-48）间的电压和电阻，连接器端子间的电压和电阻标准值见表4-2。如果不符合标准值，则更换带变频器的转换器总成。

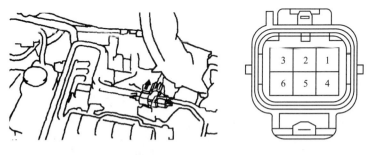

图4-47　断开连接器　　　　　图4-48　连接器端子

连接器端子间的电压和电阻标准值　　　　　表4-2

测试端子	标准数值
端子5—车身接地（LGCT—车身搭铁）	8～16V
端子3—车身接地（S—车身搭铁）	同辅助蓄电池端子电压
端子1—车身接地（S—车身搭铁）	120～140Ω

4）检查温度传感器（图4-49）

用欧姆表测量端子间的电阻（图4-50，图4-51），速度传感器标准值见表4-3。如果不符合标准值，则更换混合动力车辆变速驱动桥总成。

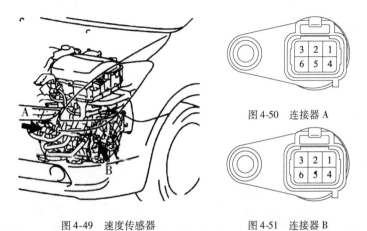

图4-49　速度传感器　　　　　图4-50　连接器A

图4-51　连接器B

速度传感器标准值　　　　　　　　　　　　　　　　表4-3

测试仪连接	标 准 值	测试仪连接	标 准 值
A1—A4(GCS—GCSG)	12.6~16.8Ω	B2—B5(MSN—MSNG)	12.6~16.8Ω
A2—A5(GSN—GSNG)	12.6~16.8Ω	B3—B6(MCS—MCSG)	12.6~16.8Ω
A3—A6(GRF—GRFG)	7.65~10.2Ω	上述所有端子—变速驱动桥壳	10kΩ 或更大
B1—B4(MRF—MRFG)	7.65~10.2Ω		

图4-52　温度传感器位置

5)检查温度传感器(图4-52)

用欧姆表测量端子间的电阻(图4-53、图4-54),端子间的电阻标准值见表4-4。标准值随着传感器温度改变而改变。如果不符合标准值,则更换混合动力车辆变速驱动桥总成。

6)检查加速踏板位置

不要从加速踏板上拆下。在连接器的混合动力车辆控制 ECU 进行检查。

(1)打开电源开关(在 IG 位置)。

(2)用电压表测量,加速踏板位置端子间电压传感器标准值见表4-5。如果不符合标准值,则更换加速踏板连杆总成。混合动力车辆控制 ECU 端子如图4-55所示。

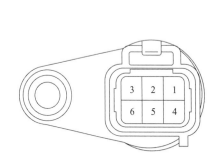

图4-53　连接器 C

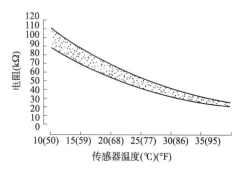

图4-54　端子间的电阻随传感器温度的变化

端子间的电阻标准值　　　　　　　　　　　　　　　　表4-4

测试仪连接	标 准 值
C1—C4(MMT—MMTG)	10℃(50℉)时,87.3~110.5kΩ 40℃(104℉)时,23.8~28.5kΩ
C3—C6(OMT—OMTG)	10℃(50℉)时,87.3~110.5kΩ 40℃(104℉)时,23.8~28.5kΩ
上述所有端子—变速驱动桥壳	10kΩ 或更大

加速踏板位置端子间电压传感器标准值　　　　　　　表 4-5

端　子	测量条件	标　准　值
B25—B27（VCP1—EP1）	正常	4.5~5.5V
B26—B27（VPA1—EP1）	不要踩下加速踏板	0.5~1.1V
B26—B27（VPA1—EP1）	逐渐踩下加速踏板	电压缓慢升高
B26—B27（VPA1—EP1）	完全踩下加速踏板	2.6~4.5V
B33—B35（VCP2—EP2）	正常	4.5~5.5V
B34—B35（VPA2—EP2）	不要踩下加速踏板	1.2~2.0V
B34—B35（VPA2—EP2）	逐渐踩下加速踏板	电压缓慢升高
B34—B35（VPA2—EP2）	完全踩下加速踏板	3.4~5.3V

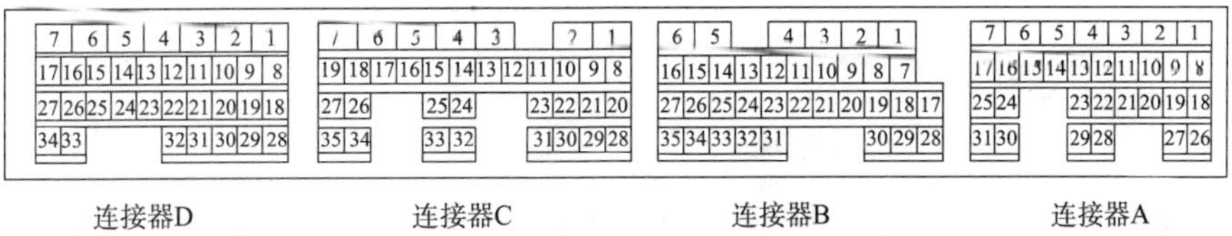

图 4-55　混合动力车辆控制 ECU 端子

4．维修

HV 控制 ECU 具有自我诊断系统，其检测维修步骤如下：

（1）车辆进入车间、分析客户所述故障。

（2）将专用解码仪插接到 DLC3（数据链路连接器），如有故障码则检查 DLC3。

（3）检查并记录 DTC 数据，如果出现关联 CAN 系统的故障应先检修 CAN 通信。

（4）运用普锐斯专用解码仪清除 DTC 故障码。

（5）故障症状再确认，若故障未再出现则进行症状模拟，若故障出现则检查 DTC。

（6）根据 DTC 表查找数据信息，进而检查电路。

（7）故障识别、调整或修理后进行试车检验，以确认故障已排除。

此外，混合动力汽车还有以下常规维修项目。

1）混合动力系统冷却液更换

图 4-56 所示为混合动力系统冷却液的排放螺塞的位置。冷却液加注方法如图 4-57 所示。

2）蓄电池冷却系统维修

为确保 HV 蓄电池在重复充电和放电循环期间，产生热量时的适当性能，采用 HV 蓄电池专用冷却系统（图 4-58）。

如果在多信息显示屏上显示"冷却性能低"信息，如图 4-59 所示，则检查蓄电池冷却滤清器。

图 4-56　冷却液排放螺塞的位置

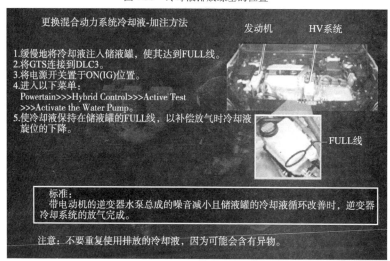

图 4-57　冷却液加注方法

图 4-58　HV 蓄电池专用冷却系统

　　HV 蓄电池采用 6 个 HV 蓄电池温度传感器和 1 个进气温度传感器,以检测 HV 蓄电池的温度(图 4-60)。

第四章 混合动力系统的维修

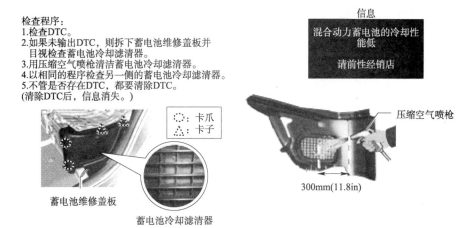

检查程序：
1. 检查DTC。
2. 如果未输出DTC，则拆下蓄电池维修盖板并目视检查蓄电池冷却滤清器。
3. 用压缩空气喷枪清洁蓄电池冷却滤清器。
4. 以相同的程序检查另一侧的蓄电池冷却滤清器。
5. 不管是否存在DTC，都要清除DTC。
(清除DTC后，信息消失。)

注意：如果蓄电池冷却滤清器损坏，则用新的蓄电池维修盖板更换。

图 4-59 检查蓄电池冷却滤清器

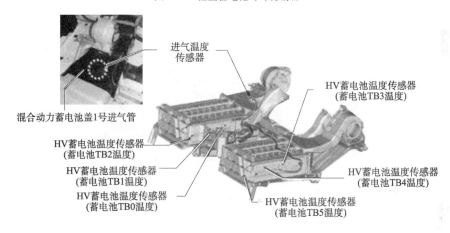

图 4-60 HV 蓄电池温度传感器和进气温度传感器

3) 更换电池

(1) 更换情况。蓄电池放电时，出现以下情况，需要更换电池。

辅助蓄电池(可再充电)(图 4-61)：

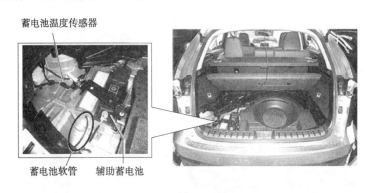

图 4-61 辅助蓄电池位置

①即使电源模式为 ON,也无组合仪表显示。

②混合动力系统不起动。

③喇叭鸣响声音小。

HV 蓄电池(可再充电):

①混合动力系统检测到异常并在多信息显示屏上显示警告信息。

②无法进入 READY-ON 状态。

③DTC P3000-388 或 389(HV 蓄电池故障)存储在混合动力车辆控制 ECU 中。

(2)更换电池时(图 4-62)需要注意:使用与安装在车辆上的辅助蓄电池具有相同尺寸,且蓄电池容量等于或大于 20 HR 的辅助蓄电池。

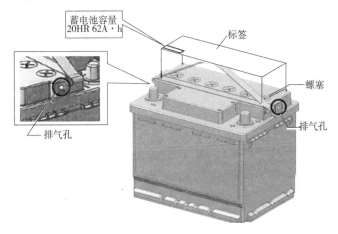

图 4-62　更换 HV 蓄电池

(3)更换辅助蓄电池时(图 4-63),将蓄电池软管安装到负极端子侧排气孔。此外,将连接至更换的辅助蓄电池或新辅助蓄电池的通气孔塞安装到正极端子侧排气孔。

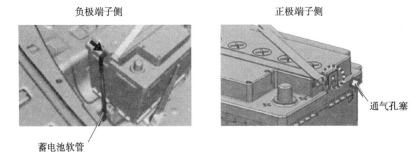

图 4-63　更换辅助蓄电池

警告:如果使用专用蓄电池外的其他蓄电池,则气体可能进入车厢并着火,从而导致爆炸。

(4)使用增压器电缆,按图 4-64 所示位置连接救援车辆的 12V 蓄电池。

(5)HV 蓄电池放电时,需采取的措施如图 4-65 所示。使用 THS 充电器,对 HV 蓄电池充电。

第四章 混合动力系统的维修

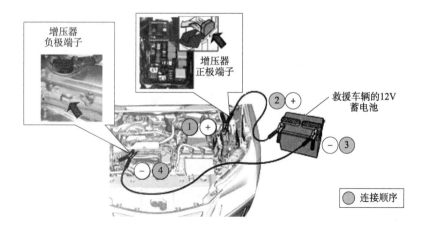

图4-64 连接救援车辆的12V蓄电池

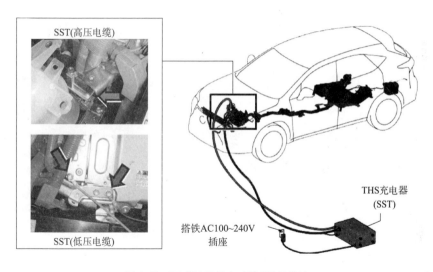

图4-65 HV蓄电池放电时需采取的措施

4）检查模式

检查模式见表4-6。

检查模式　　　　　　　　　　　　　　　　表4-6

检查模式（检测仪显示）	目　的	控　制
二轮驱动维护模式（测量废气的二轮驱动）	执行发动机维护、怠速废气排放测试（CO、HC）等操作时，检查点火正时等。使用速度表检测台、二轮底盘测功机等进行测试	换挡杆位置置于P挡时，使发动机保持怠速运转。取消牵引力控制。切断后电动机的控制
二轮驱动认证模式（切断TRC的二轮驱动）	使用速度表检测台、二轮底盘测功机等进行测试	取消牵引力控制。切断后电动机的控制

续上表

检查模式(检测仪显示)	目 的	控 制
全轮驱动维护模式(测量废气的四轮驱动)	执行发动机维护、怠速废气排放测试(CO,HC)等操作时,检查点火正时等。使用四轮底盘测功机等进行测试	换挡杆位置置于P挡时,使发动机保持怠速运转。取消牵引力控制
全轮驱动认证模式(切断TRC的四轮驱动)	使用四轮底盘测功机等进行测试	取消牵引力控制

检查模式期间,禁止全轮驱动系统、TRC系统和VSC系统(图4-66)。

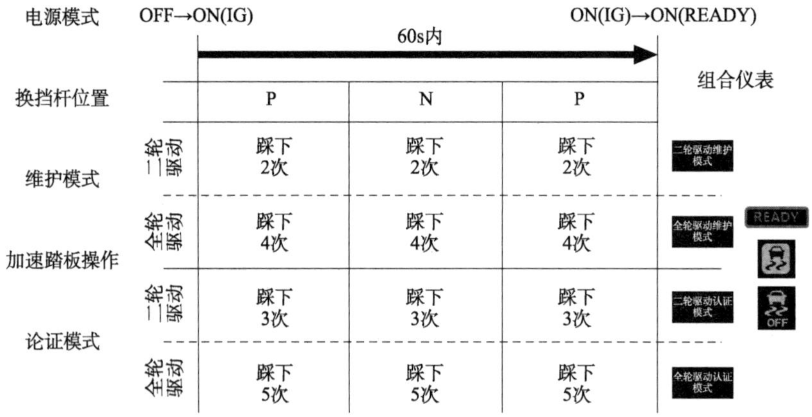

电源模式	OFF→ON(IG)			ON(IG)→ON(READY)	
	60s内				组合仪表
换挡杆位置	P	N	P		
维护模式	二轮驱动	踩下2次	踩下2次	踩下2次	二轮驱动维护模式
加速踏板操作	全轮驱动	踩下4次	踩下4次	踩下4次	全轮驱动维护模式
论证模式	二轮驱动	踩下3次	踩下3次	踩下3次	二轮驱动认证模式
	全轮驱动	踩下5次	踩下5次	踩下5次	全轮驱动认证模式

注意:操作检查模式时,牢固踩下制动踏板以防止车辆移动。

图4-66 检查模式

第五章　混合动力汽车制动系统的构造与维修

第一节　混合动力汽车制动系统

电液复合制动技术作为一种节能与新能源汽车上独有的新技术,在混合动力车辆发展之初就受到重视。在保证汽车具有良好制动性能的前提下,电液复合制动可以尽可能地回收制动能量,以提高能源效率。

一、电液复合制动技术

1. 混合动力汽车的制动特点

混合动力汽车将动力电池、电机为核心的电力驱动系统引入到传统汽车中,电机在车辆制动时可以作为发电机使用,将车辆的制动能量转变为电能回收储存在动力电池内,即具有电回馈制动功能。这样混合动力汽车就可以对汽车的制动能量进行回收,从而提高整车的经济性能。在混合动力汽车中,起制动作用的有电回馈制动和机械制动两套系统,从而形成机电复合制动系统。

2. 电机制动能量回馈的基本情况

汽车制动能量的回馈受到车辆速度、电机特性、动力电池 SOC 等影响,电回馈制动力的大小受到电机外特性、动力电池最大充电电流和 SOC 的限制。车辆在进行电回馈制动时,需要对电池 SOC 进行实时检测,如果 SOC 超过工作范围上限,则不再进行制动能量回收。回馈电流过高时可能会引起电池的损坏,就一般情况而言,电机外特性中的峰值功率依据动力电池的最大放电功率设计,大于电池的最大充电功率,所以最大电回馈制动功率一般设置为动力电池的最大充电功率。

汽车电回馈制动过程中,由于受到电池最大充电功率的限制,电机可以提供的制动功率是有限的,因此只有在驾驶人抬起加速踏板或轻微踩下制动踏板时才以电回馈制动为主。在汽车制动强度很大时,瞬间要求的车辆制动功率远大于电回馈制动功率,此时必须同时施加机械制动,形成复合制动过程。在一定车辆制动强度的要求下,控制策略合理地分配机械制动力和电回馈制动力之间的比例,在保证车辆制动性能的前提下实现最大制动能量回收。

3. 不同减速工况下的制动能量回收

传统燃油汽车制动消耗的能量,接近车辆滚动阻力耗能与空气阻力耗能之和,而汽车在起停频繁的市区运行,车辆的大部分动能都会消耗在制动过程中,因此回收汽车制动能量意义重大。

汽车缓减速或下坡工况下,传统的燃油汽车一般以两种方式消耗车辆的动能:一是车轮通过传动系统反拖发动机运转,依靠活塞压缩气体形成发动机制动;二是通过制动器的轻微摩擦形成制动。对于一些大型车辆,还有其他制动方式,如重型货车常采用关闭排气管形成排气制动的方式,而大客车则常采用电涡流制动方式。这些制动方式都有一个共同的特点,就是把车辆的机械能变为热能散发掉,而不能实现能量回收利用。由于混合动力汽车的动力系统本身具备了机电转换装置和能量存储装置,因此制动能量的回收能够非常方便地实现。只要在汽车减速时解除车轮与发动机间的刚性连接,由车轮驱动电机发电,即可回收汽车减速能量。需要说明的是,尽管汽车缓减速或者下坡的制动强度不大,但由于制动时间相对较长,同时可以完全依靠电回馈制动,因此能够回收的能量较大。

汽车紧急制动工况下,在满足电池最大充电功率的前提下,电回馈制动系统尽可能多地回收制动能量,制动强度不足部分由机械制动系统完成。在这种工况下,车速下降较快,电机回馈的制动能量所占比例不大,但也能收回一部分车辆动能。

依据车辆制动强度,优先使用电回馈制动可以大幅度地提高整车经济性。据有关研究显示,在起停频繁的市区运行,通过车辆减速能量回收,可实现节油10%~15%。

二、电液复合制动系统的功能需求和特点

1. 复合制动系统的功能需求

为了尽可能多地回收制动能量,在电回馈制动满足制动需求的情况下,系统要求优先使用电回馈制动。因此,复合制动系统应该具备这几项功能:保证制动安全性、有效地回收制动能量、使驾驶人驾驶感受良好和有效的机械备份工作模式,以保证系统在电气有故障时仍能有效地制动。

2. 复合制动系统的结构特点

从结构上看,复合制动系统与传统液压制动系统的区别主要有三大方面:

(1)具备制动力可控的液压制动系统结构。为了实现在一定制动强度下的能量回收,需要施加电回馈制动力,若要同时保持整车制动强度不变则需相应降低液压制动力。复合制动系统中对制动液压的控制基本分成两种形式:一是液压阀直接控制管路压力(阀控),如图5-1所示;二是通过控制主缸推力进行制动液压控制(缸控),如图5-2所示。目前大部分

复合制动系统采用的是液压阀直接控制管路压力。

采用电磁液压阀控制管路压力时,液压源可以来自于制动主缸或者单独设立的泵站。图 5-1 所示的系统采用电机、液压泵、蓄能器构成了独立的泵站,通往每个车轮的制动管路压力由电磁阀控制。图 5-2 所示的系统是通过控制主缸推力来控制制动压力。通过在真空助力器和制动主缸之间加装一个液压执行机构,此机构同时作用在主缸推杆和制动踏板推杆上,由三位三通电磁阀控制液压机构的工作压力。此工作压力一方面完成主缸的工作,另一方面提供制动踏板力反馈。

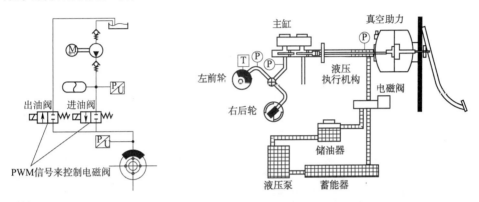

图 5-1　阀控的液压制动力控制系统　　图 5-2　缸控的液压制动力控制系统

(2)能够检测制动指令并解释制动意图。复合制动系统需要根据驾驶人的制动意图对液压制动力和电回馈制动力分别进行控制,在满足制动意图的同时实现制动能量的回收。因此复合制动系统必须增加制动意图的感知设备,一般是采用制动踏板位移传感器来检测制动意图。

(3)复合制动系统控制器是复合制动系统的控制部件,制动踏板位移检测、制动意图解释、液压阀控制和制动力分配都由它完成。另外,复合制动控制器从整车控制器获取制动力分配策略执行过程中所需要的车辆状态信息,并将电回馈制动力矩指令发送给整车控制器。

在以上系统中,实现制动力可控是复合制动系统的基础和保证,也是系统最大的难点。目前绝大多数复合制动系统采用图 5-1 所示的阀控液压制动系统,液压泵的输出压力可以达到 20MPa 以上。难点之一是由于制动所需的液体量很小,因此要求系统的各控制阀有极高的动态性能。难点之二是高效率、高性能的复合制动控制策略,复合制动如果要尽可能地回收能量,则必须最大限度地发挥电机和动力电池系统的能力,然而此能力随着车辆状态的变化而不断改变。因此,如何在保证最大电回馈制动能力的同时,精确地协调控制液压制动力,使车辆制动过程平滑,是系统控制的难点。

三、电液复合制动系统中电回馈制动的控制策略

在混合动力汽车中,回馈制动使得制动系统设计产生了两个问题:一是如何在电回馈制

动和机械制动之间进行制动力分配,以最大限度地制动能量回馈;二是如何在前后轴间分配制动力以达到稳定的制动性能。通常回馈制动只对某一车轴有效,通过电机发电产生适度的制动力,实现部分制动能量回收,同时总制动力还必须满足汽车减速或制动需要。这里讨论两种复合制动系统及其相应的设计和控制策略:一种为并联复合制动系统,其结构和控制相对简单,且保留传统制动系统的大部分部件;另外一种为完全可控的复合制动系统,它对每个车轮的制动力进行独立控制,提高了车辆在不同路面上的制动性能。

第二节 宝马X6混合动力制动系统的构造与维修

一、结构组成

宝马X6混合动力制动系统主要组成(图5-3):带有传感器系统和关闭单元的制动踏板、主动式制动助力器、真空供给装置、混合动力制动作用转换系统、动态稳定控制系统、车轮制动器。混合动力制动系统又称为"混合动力制动作用转换系统"或"电子感应制动作用SBA",严格来说,它指的是混合动力制动系统的一个重要组件,该组件将驾驶人的制动要求划分成回收利用部分和液压部分。

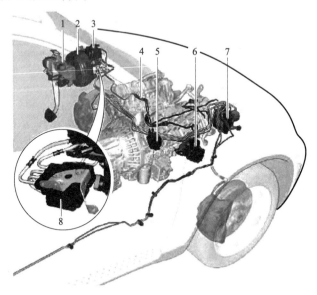

图5-3 混合动力制动系统主要组件

1-制动踏板;2-主动式制动助力器;3-制动液储液罐;4-真空管路;5-机械真空泵;6-电动真空泵;7-动态稳定控制系统;8-混合动力制动作用转换器(电子感应制动作用SBA)

1.制动操作机构

制动操作机构主要包括制动踏板角度传感器、制动踏板力模拟器、关闭单元等。制动踏板角度传感器固定在踏板支撑座上。操作制动踏板时产生的转角通过制动踏板角度传感器转化为电信号。该传感器内部带有 2 个霍尔传感器。这些传感器以冗余方式探测制动踏板角度。SBA 控制单元读取 2 个传感器的模拟信号,通过将 2 个信号与制动压力传感器信号进行对比检查信号可信度。如果 SBA 控制单元识别出无法继续可靠探测制动踏板角度,就会启用传统模式并授权发出检查控制信息。

2. 主动式制动助力器主动式制动助力器

主动式制动助力器主要包括电磁阀、隔膜行程传感器、制动真空压力传感器等。

1)电磁阀

制动助力器的主动元件是电磁阀,在电子伺服模式下由 SBA 控制单元供电。通过控制电磁阀可使空气进入主动式制动助力器的工作室,从而推动连杆并在制动主缸上产生作用力。因此,即使不通过驾驶人进行机械操作,也可以在液压制动系统内建立起制动压力。

2)隔膜行程传感器

为了对主动式制动助力器电动控制功能进行持续监控,制动助力器带有一个隔膜行程传感器,它是一个随隔膜移动一起运动的探针。通过该传感器信号尤其可以发现制动液内的气泡以及液压系统泄漏情况。

如果识别出故障,SBA 控制单元就会结束电子伺服模式并切换为传统模式。同时授权发出一条检查控制信息。

3)制动真空压力传感器

无论在电子伺服模式还是传统模式下都需要通过制动真空压力来增大制动力。因此在制动助力器内装有冗余设计的制动真空压力传感器。SBA 控制单元通过该传感器信号持续监控准备提供使用的制动真空压力。如果制动真空压力过低,就会控制电动真空泵。SBA 控制单元发现制动真空压力供应问题时就会要求数字式发动机电子系统起动发动机。发动机运转时,机械真空泵也会随之工作,从而确保制动真空压力供应。

3. 混合动力制动作用转换器

混合动力制动作用转换器指的是由控制单元和液压单元构成的单元,其又称为电子感应制动作用 SBA。SBA 单元沿行驶方向安装在制动助力器左侧。进行维修时只能将其作为一个单元更换。SBA 控制单元对制动控制执行主控功能。它探测驾驶人的制动要求,将整个制动力矩划分为能量回收部分和液压部分。

二、工作过程

1. 混合动力制动系统的基本工作过程(图 5-4)

SBA 控制单元是混合动力制动系统的主控单元。它控制从探测制动要求直至制动系统执行机构的所有过程。能量回收式制动的执行机构是传动系统:通过供电电控箱控制电动机使其以发电机方式工作。为了使其能够产生电能,必须以机械方式对其进行驱动。因此电动机吸收作用在传动系统上的制动力矩。在减速度最高 $3m/s^2$ 的情况下,如果制动力矩仅作用在后桥上就会导致不稳定的行驶情况出现。因此进行能量回收式制动时,分动器内的片式离合器也会接合。随后,前桥和后桥达到相同转速从而为制动力矩在 2 个车桥上的平均分配创造前提条件。在这种"电子伺服模式"下会尽可能地回收利用制动能量,即通过第一个电动途径输送。只有在减速度高于 $3m/s^2$ 或混合动力驱动装置无法转化所有制动能量时,才会针对剩余能量使用传统行车制动器。为此,SBA 控制单元控制主动式制动助力器。后者产生用于 2 个制动回路的制动压力,制动压力通过动态稳定控制系统传输到 4 个车轮制动器上。

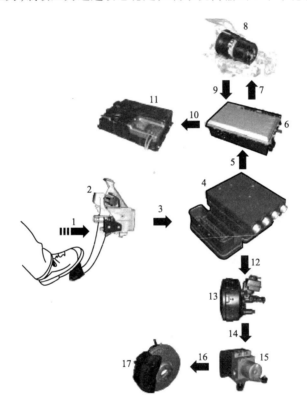

图 5-4 混合动力制动系统基本工作过程

1-踩下制动踏板(作用力,行程);2-制动踏板单元;3-以电动方式传输制动要求;4-混合动力制动作用转换(电子感应制动作用 SBA);5-能量回收部分的规定值;6-供电电控箱;7-使电动机以发电机形式受控;8-主动变速器内的电动机;9-由电动机产生的电能;10-有待存储的电能;11-高电压蓄电池;12-对制动助力器内的电磁阀进行电气控制;13-主动式制动助力器;14-2 个制动回路内的液压力;15-动态稳定控制系统;16-传输至车轮制动器的制动管路内的液压力;17-四个车轮制动器

只有在故障情况或特殊情况下才会提供应急功能,此时 SBA 控制单元不再执行主控功能。例如在不稳定的行驶情况下,动态稳定控制系统就会执行主控功能,从而以高优先级使

车辆稳定下来。此时无法继续进行能量回收式制动。

能量回收式制动所需的某一组件失灵或供电失灵时,混合动力制动系统就会由"电子伺服模式"切换为传统模式。在传统模式下会使制动踏板与行车制动器重新建立起机械连接。这样可使车辆通过传统液压制动系统实现可靠减速。

2. 电子伺服模式(图5-5)

在电子伺服模式下,制动踏板与制动助力器的机械连接断开。SBA控制单元通过制动踏板角度传感器分析出驾驶人的制动要求。根据行驶情况和混合动力组件状态将制动要求划分为能量回收部分和液压部分。SBA控制单元为此向混合动力主控控制单元发送一个规定值用于实现能量回收部分。混合动力主控控制单元随即通过混合动力电动机控制装置控制单元A和B执行该规定值。

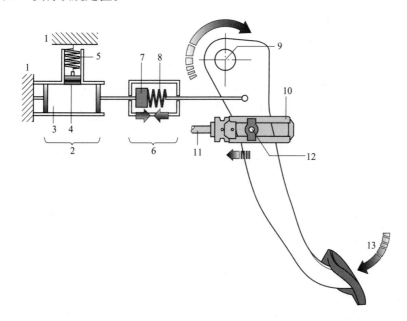

图5-5 在电子伺服模式下的制动操纵(示意图)

1-支撑在车身部件上;2-关闭单元;3-制动液;4-关闭单元内的关断阀关闭;5-弹簧;6-踏板力模拟器;7-用于在制动踏板上产生反作用力的弹性塑料块;8-用于在制动踏板上产生反作用力的弹簧;9-制动踏板旋转轴;10-叉形压杆端部;11-压杆(连接制动助力器);12-销子;13-驾驶人操作制动踏板

由电动机通过这种方式产生的电能存储在高电压蓄电池内。在此也需要供电电控箱控制单元的参与(改变电压和电流强度)。

为了实现液压部分,SBA控制单元为主动式制动助力器内的电磁阀供电。这样可使空气流入工作室内并通过真空压力在制动主缸内的活塞上产生作用力。从而将压杆拉入制动助力器内。这样,插入压杆叉形端部的制动踏板销也不会碰到机械限位位置。因此不会在操作制动踏板时产生反作用力。但是踏板力模拟器会产生反作用力。所实现的作用力传递与传统制动系统基本相同。在电子伺服模式下,关闭单元的作用就像一个刚性元件。密闭其中的制动液无法被压缩,在这种状态下,制动液也无法溢出到带有弹簧的膨胀室内,因为膨胀室被一个电磁阀封住。

3. 传统模式(图 5-6)

传统模式是混合动力制动系统的基本机械模式。在该模式下会使制动踏板与制动助力器重新建立起机械连接。因此驾驶人可以像在带有制动助力装置的传统车辆上一样在液压制动系统内产生一个制动压力并使车辆可靠减速。在传统模式下无法进行能量回收式制动。全部制动力均由液压制动系统提供。

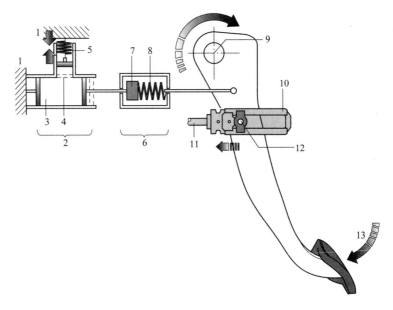

图 5-6 在传统模式下的制动操纵(示意图)

1-支撑在车身部件上;2-关闭单元;3-制动液;4-关闭单元内的关断阀打开;5-弹簧;6-踏板力模拟器;7-用于在制动踏板上产生反作用力的弹性塑料块;8-用于在制动踏板上产生反作用力的弹簧;9-制动踏板旋转轴;10-叉形压杆端部;11-压杆(连接制动助力器);12-销子处于限位位置;13-驾驶人操作制动踏板

驾驶人在传统模式下操作制动踏板时,主动式制动助力器内的电磁阀不会受控工作。此时压杆不会移动。因此在操作制动踏板期间,销子与压杆端部限位位置间的间隙闭合且建立起上述机械连接。从驾驶人的角度来说,这表明空行程增大。驾驶人几乎不会感觉到任何反作用力,直至销子到达限位位置。这是因为:在传统模式下,关闭单元内的电磁阀打开。因此关闭单元内的制动液可以向上方空间流动。关闭单元内有一个移动活塞可以克服弹簧向上移动。关闭单元内弹簧产生的反作用力明显低于踏板力模拟器内的弹簧。因此在这种情况下,踏板力模拟器内的弹簧基本不会压缩,也可以说踏板力模拟器在此不起任何作用。仅有的反作用力来源于关闭单元内的弹簧,而且该作用力非常小。

三、检测与维修

混合动力制动系统在接通供电后对电子伺服模式正常工作所需的所有系统组件进行自检。顺利结束自检后就会启用电子伺服模式。否则，混合动力制动系统就会保持传统模式。

如果内部监控功能发现可导致无法继续在电子伺服模式下可靠运行的故障，就会自动启用传统模式。通过亮起警告灯和发出检查控制信息告知驾驶人进入传统模式。当识别出以下故障时就会启用传统模式：①踏板角度传感器失灵；②关闭单元内的压力传感器失灵；③关闭单元内的电磁阀不再正常工作；④隔膜行程传感器失灵；⑤主动式制动助力器内的电磁阀失灵；⑥真空供给装置失灵；⑦真空压力传感器失灵；⑧SBA 控制单元或供电失灵；⑨SBA单元内的压力传感器失灵；⑩SBA、DME 和 HCP 间的通信受到干扰。图 5-7 所示为混合动力制动系统电路图。

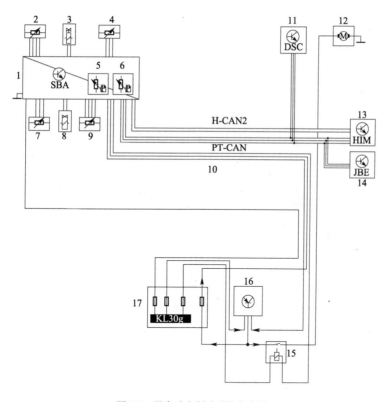

图 5-7　混合动力制动系统电路图

1-混合动力制动作用转换(电子感应制动作用 SBA)；2-制动真空压力传感器；3-用于控制主动式制动助力器的电磁阀；4-隔膜行程传感器；5-压杆回路制动压力传感器；6-浮子回路制动压力传感器；7-关闭单元压力传感器；8-关闭单元内的阀门；9-制动踏板角度传感器；10-用于控制和监控电动真空泵的管路；11-动态稳定控制系统 DSC；12-电动真空泵；13-混合动力接口模块 HIM；14-接线盒电子装置；15-用于控制电动真空泵的电动机械式继电器；16-用于控制电动真空泵的半导体继电器；17-混合动力熔断丝支架

第三节　丰田普锐斯混合动力制动系统的构造与维修

一、结构组成

混合动力汽车的制动系统通常采用了电子控制制动系统。根据驾驶人踩下制动踏板的程度和所施加的力计算所需要的制动力。制动系统的组成如图5-8所示。其主要零部件包括制动执行器总成、制动主缸、制动器制动钳总成等。

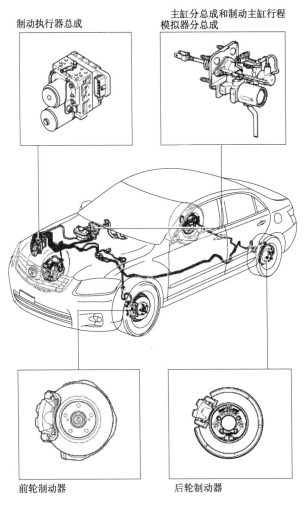

图5-8　制动系统的组成

二、电子控制制动系统

电子控制制动系统取消了常规型制动助力器。该系统由制动输入、电源和液压控制部分组成(图 5-9)。正常制动期间,制动主缸分总成产生的液压并不直接驱动轮缸,而是用作液压信号。实际控制压力是通过调节制动执行器总成的液压获得的,调节后的液压驱动轮缸。

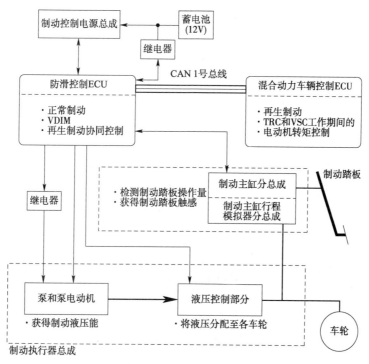

图 5-9 电子控制制动系统的组成及工作原理

电子控制制动系统根据传感器和 ECU 提供的信息对带 EBD 的 ABS、制动辅助、TRC 和 VSC 功能执行液压控制。制动控制电源总成用作辅助电源,以向制动系统稳定供电。

三、再生制动协同控制

再生制动协同控制并不是单独依靠液压制动系统为驾驶人提供所需制动力。而是与混合动力控制系统一起进行协同控制,通过再生制动和液压制动提供制动力。由于该控制通过将动能转换为电能来回收动能,因而将正常液压制动中动能的浪费降到最低。再生制动协同控制工作原理如图 5-10 所示。

再生制动由作为电动机-发电机组(MG2)产生的对旋转的阻力构成。由发电产生的阻力与电动机-发电机组转子的旋转方向相反,迫使其减速。产生的电流(蓄电池充电电流)越大,阻力就会越大。

混合动力系统的前驱动桥和后驱动桥由驱动相应轴的 MG2 电动连接。驱动轮的旋转运动驱动 MG2,使其作为发电机运转。因此,由发电产生的 MG2 的制动力传输至驱动轮。混合动力控制系统通过控制生成的电量对该制动力进行控制。

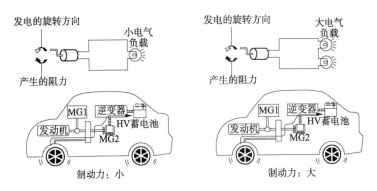

图 5-10 再生制动协同控制工作原理

四、制动系统的主要零部件

1. 主要零部件的布局

主要零部件的布局如图 5-11 所示。

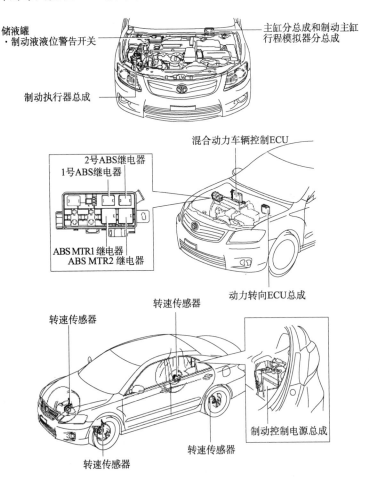

图 5-11

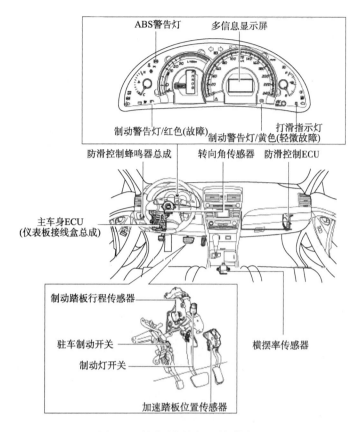

图 5-11　制动系统的主要零部件布局

2. 主要零部件的功能

主要零部件的功能见表 5-1。

主要零部件的功能　　　　　　　　　　表 5-1

零部件		功　　能
制动执行器总成	液压控制部分	(1) 由 2 个主缸切断电磁阀、4 个施压电磁阀和 4 个减压电磁阀组成； (2) 2 个主缸切断电磁阀为双位置型电磁阀，由防滑控制 ECU 控制，用来打开和关闭主缸和轮缸之间的通道； (3) 4 个施压电磁阀和 4 个减压电磁阀为线性型电磁阀。这些电磁阀由防滑控制 ECU 控制，用来增大和减小轮缸内的液压； (4) 主缸压力传感器和轮缸压力传感器均安装在制动执行器内
	蓄压器	存储由泵和泵电动机产生的液压。蓄压器内充满了高压氮气
	泵和泵电动机	从储液罐中抽取制动液并向蓄压器提供高液压
防滑控制 ECU		根据从传感器接收的信号监视车辆的行驶状况，并通过与混合动力车辆控制 ECU 和动力转向 ECU 总成的协同控制计算出所需制动力的大小，并控制制动执行器总成
制动主缸分总成		(1) 根据驾驶人施加至制动踏板的作用力大小产生液压； (2) 制动执行器总成的电源部位出现故障时，制动主缸分总成将液压(由制动踏板的作用力产生)直接供应至轮缸

续上表

零部件		功能
组合仪表总成	制动警告灯	(1)红色(故障)： ①点亮以警告驾驶人防滑控制ECU检测到制动力分配故障； ②施加驻车制动或制动液液位低时点亮,以告知驾驶员。 (2)黄色(轻微故障)： 点亮以警告驾驶人制动系统中发生了不影响制动力的轻微故障
	ABS警告灯	防滑控制ECU检测到ABS或制动辅助故障时点亮,以警告驾驶人
	打滑指示灯	(1)ABS、TRC或VSC工作时闪烁,以告知驾驶人； (2)防滑控制ECU检测到TRC或VSC系统故障时点亮,以警告驾驶人
	多信息显示屏	防滑控制ECU检测到制动控制系统故障时,将显示诊断故障码(DTC)
制动主缸行程模拟器总成		制动期间根据驾驶人对踏板施加的力产生踏板行程
	行程模拟器切断阀	电子控制制动系统工作时,使制动主缸分总成产生的液压流入制动主缸行程模拟器总成
ABS MTR1继电器 ABS MTR2继电器		(1)有两种泵电动机继电器,各自有不同的泵和泵电动机执行转速； (2)如果一个继电器出现故障,则另一个继电器运行以激活泵和泵电动机
1号ABS继电器 2号ABS继电器		由防滑控制ECU控制,向制动执行器总成中的电磁阀供电或切断电源
防滑控制蜂鸣器总成		(1)VSC工作期间防滑控制蜂鸣器总成发出警告音以告知驾驶人； (2)如果存在液压故障或电源故障,则防滑控制蜂鸣器总成持续鸣响以告知驾驶人
储液罐		存储制动液
制动液液位警告开关		检测低制动液液位
制动灯开关		检测制动踏板的工作情况
驻车制动开关		检测驻车制动器的工作情况
制动踏板行程传感器		直接检测驾驶人操作的制动踏板行程的范围
加速踏板位置传感器		检测踩下加速踏板的角度
转速传感器		检测4个车轮的车轮转速
转向角传感器		检测转向盘的转动方向和角度
横摆率传感器		(1)检测车辆的横摆率； (2)检测车辆的纵向及横向加速度和减速度
制动控制电源总成		(1)辅助电源向制动系统提供稳定的电源； (2)辅助蓄电池电压低时,制动控制电源总成通过提供存储在装置内的电荷补偿对制动系统的供电
混合动力车辆控制ECU		(1)根据从防滑控制ECU接收的信号激活再生制动； (2)发送实际再生制动控制值至防滑控制ECU； (3)VSC功能或TRC功能工作时,根据从防滑控制ECU接收的输出控制请求信号控制驱动力； (4)根据从防滑控制ECU接收的输出控制请求信号控制发动机输出功率

续上表

零部件	功 能
动力转向ECU总成	动力转向ECU总成和防滑控制ECU进行协同控制,以根据从防滑控制ECU接收的信息控制转向辅助
主车身ECU(仪表板接线盒总成)	将驻车制动信号传输至防滑控制ECU

五、制动系统的工作过程

1. 正常制动工作过程(带再生制动协同控制)

正常制动期间,主缸切断电磁阀闭合且至轮缸的液压回路保持独立。因此,制动主缸分总成产生的液压不会直接使轮缸工作。防滑控制ECU根据从主缸压力传感器和制动踏板行程传感器接收的信号计算驾驶人所需的制动力。然后,防滑控制ECU根据所需制动力计算出再生制动力值并将此计算值传输至混合动力车辆控制ECU。接收到此值后,混合动力车辆控制ECU立即产生再生制动力。同时,混合动力车辆控制ECU将实际再生制动力值传输至防滑控制ECU。防滑控制ECU控制电磁阀以使液压制动系统产生制动力值(由驾驶人所需制动力的值减去再生制动执行值得出)。

正常制动工作过程如图5-12所示。

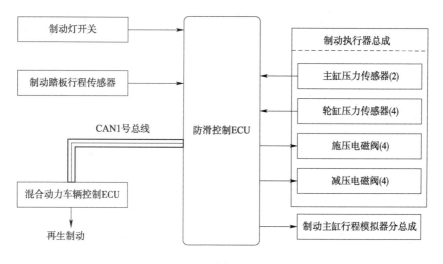

图5-12 正常制动工作过程

2. 增压

防滑控制ECU根据从主缸压力传感器和制动踏板行程传感器接收的信号计算目标轮缸压力(等于驾驶人所需的制动力)。防滑控制ECU将轮缸压力传感器信号和目标轮缸压力进行比较。如果轮缸压力低于目标轮缸压力,则防滑控制ECU使用制动执行器增压。于是,蓄压器中的液压进入轮缸。此外,此原理与根据再生制动力的变化必须增大液压制动力以执行协同控制时相同。

轮缸增压原理如图5-13所示。

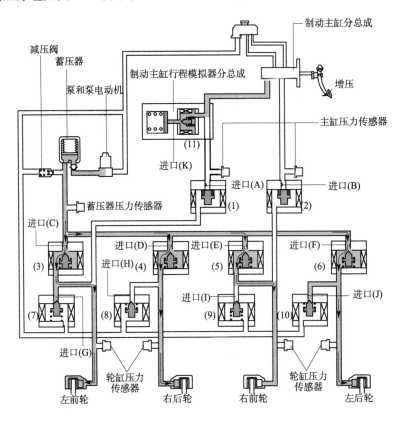

项　　目		正常制动增压模式
(1),(2)	主缸切断电磁阀	ON(闭合)
	进口:(A),(B)	
(3),(4),(5),(6)	施压电磁阀	ON*
	进口:(C),(D),(E),(F)	
(7),(9)	减压电磁阀	OFF(闭合)
	进口:(G),(I)	
(8),(10)	减压电磁阀	ON(闭合)
	进口:(H),(J)	
(11)	行程模拟器切断电磁阀	ON(打开)
	进口:(K)	

* 电磁阀持续调节进口的开口度以控制液压。

图5-13　轮缸增压原理

3. 压力保持

防滑控制ECU根据从主缸压力传感器和制动踏板行程传感器接收的信号计算目标轮缸压力(等于驾驶人所需的制动力)。防滑控制ECU将轮缸压力信号与目标轮缸压力进行比较。如果两者相等,则防滑控制 ECU 将制动执行器控制在保持状态。于是,轮缸将保持恒定压力。轮缸压力保持原理如图 5-14 所示。

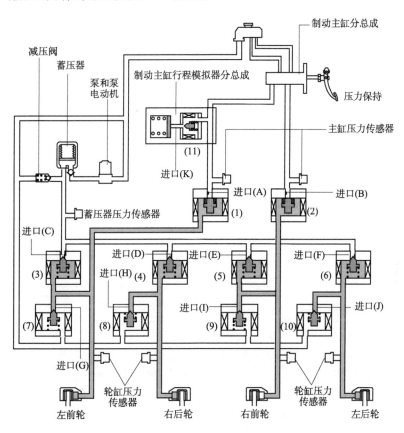

项　目		正常制动保持模式
(1),(2)	主缸切断电磁阀	ON(闭合)
	进口:(A),(B)	
(3),(4),(5),(6)	施压电磁阀	OFF(闭合)
	进口:(C),(D),(E),(F)	
(7),(9)	减压电磁阀	OFF(闭合)
	进口:(G),(I)	
(8),(10)	减压电磁阀	ON(闭合)
	进口:(H),(J)	
(11)	行程模拟器切断电磁阀	ON(打开)
	进口:(K)	

图 5-14　轮缸压力保持原理

4. 减压

防滑控制 ECU 根据从主缸压力传感器和制动踏板行程传感器接收的信号计算目标轮

缸压力(等于驾驶人所需的制动力)。防滑控制 ECU 将轮缸压力信号与目标轮缸压力进行比较。如果轮缸压力高于目标轮缸压力,则防滑控制 ECU 使用制动执行器减压。于是,轮缸压力减小。此外,此原理与根据再生制动力的变化必须减小液压制动力以执行协同控制时相同。轮缸减压原理如图 5-15 所示。

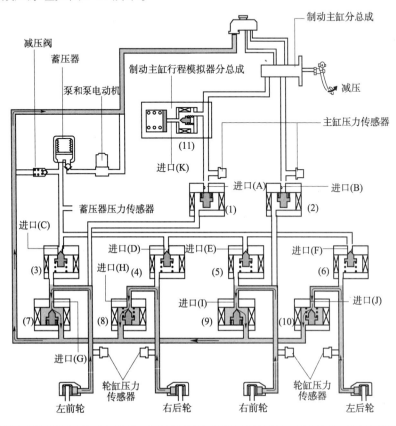

项 目		正常制动增压模式
(1),(2)	主缸切断电磁阀	ON(闭合)
	进口:(A),(B)	
(3),(4),(5),(6)	施压电磁阀	OFF(闭合)
	进口:(C),(D),(E),(F)	
(7),(9)	减压电磁阀	ON*
	进口:(G),(I)	
(8),(10)	减压电磁阀	ON*
	进口:(H),(J)	
(11)	行程模拟器切断电磁阀	ON(打开)
	进口:(K)	

*电磁阀持续调节进口的开口度以控制液压。

图 5-15 轮缸减压原理

5. 电子控制制动系统停止或电源故障期间

如果电子控制制动系统停止或由于某些故障无法施加蓄压器压力,则防滑控制 ECU 使失效保护功能起作用。此功能使制动执行器总成内的主缸切断电磁阀打开,以确保主缸和轮缸之间形成油液通道。这样就可使用主缸产生的液压仅操作前轮缸施加制动。此时,行程模拟切断电磁阀的进口(K)闭合,以防止主缸产生的液压受行程模拟器工作的不良影响。电子控制制动系统停止或电源故障期间制动系统工作过程及原理如图 5-16、图 5-17 所示。

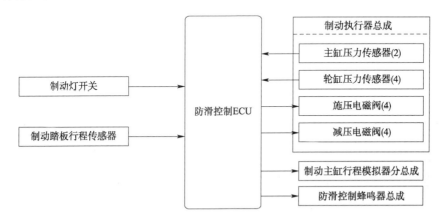

图 5-16　电子控制制动系统停止或电源故障期间制动系统工作过程

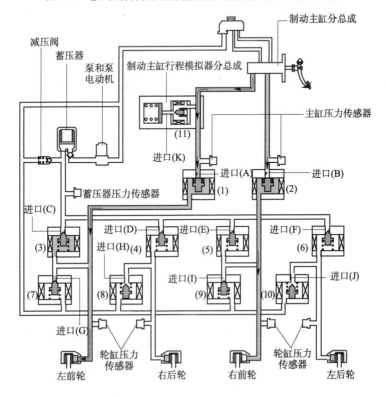

图 5-17

项　　目		系统关闭和失效保护模式
(1),(2)	主缸切断电磁阀	OFF(打开)
	进口:(A),(B)	
(3),(4),(5),(6)	施压电磁阀	OFF(闭合)
	进口:(C),(D),(E),(F)	
(7),(9)	减压电磁阀	OFF(闭合)
	进口:(G),(I)	
(8),(10)	减压电磁阀	OFF(打开)
	进口:(H),(J)	
(11)	行程模拟器切断电磁阀	OFF(闭合)
	进口:(K)	

图 5-17　电子控制制动系统停止或电源故障期间制动系统制动原理

此外,防滑控制 ECU 除鸣响防滑控制蜂鸣器外,还将警告信号发送至组合仪表总成,以告知驾驶人。

六、维修与诊断

如果防滑控制 ECU、传感器或制动执行器总成出现故障,则系统通过排除故障部位而仅使用正常工作的部位继续执行制动控制。

如果再生制动由于与混合动力车辆控制 ECU 通信故障而无法使用,则防滑控制 ECU 使用液压制动力控制整个制动力。

如果制动控制系统中的某一个传感器或执行器出现故障,则防滑控制 ECU 使组合仪表总成中的制动警告灯(红色指示灯)、制动警告灯(黄色指示灯)、ABS 警告灯和/或打滑指示灯点亮,将故障告知驾驶人。同时,诊断故障码(DTC)存储到存储器中。

如果防滑控制 ECU 在传感器信号检查(测试模式)期间检测到故障,则将 DTC 存储在其存储器中。

1. 制动控制系统维修注意事项

(1)当端子触点或者是零件安装出现故障时,被怀疑零件的拆除和重新安装可能使系统完全或暂时恢复到正常状态。

(2)为了准确地判断故障部位,必须检查故障发生时的各种情况。例如 DTC 输出和历史数据,并且在断开每一个连接器或安装拆除零件之前都要记录。

(3)因为该系统可受到除制动控制系统外所有系统的影响,所以一定要检查其他系统中的 DTC 。

2. 制动控制系统测试与诊断

1)警告灯和指示灯检查

第五章 混合动力汽车制动系统的构造与维修

（1）松开驻车制动器操纵杆。

①松开驻车制动器操纵杆，将"P"挡开关接通，保持车辆安全。

②驻车制动或制动液位低时，BRAKE 警告灯点亮。

（2）打开电源开关（READY），检查 ABS 警告灯、VSC 警告灯、BRAKE 警告灯、制动控制警告灯和 SLIP 指示灯点亮大约 3s。警告灯和指示灯显示面板如图 5-18 所示。

图 5-18 警告灯和指示灯显示面板

①如果指示灯检查结果异常，应对 ABS 警告灯电路、VSC 警告灯电路、BRAKE 警告灯电路、制动控制警告灯电路或 SLIP 指示灯电路进行故障排除。

②如果指示灯始终点亮，应对 ABS 警告灯电路、VSC 警告灯电路、制动警告灯电路、制动控制警告灯电路和 SLIP 指示灯电路进行故障排除。

2）测试模式检查传感器信号

将智能测试仪Ⅱ连接到 DLC3，如图 5-19 所示。

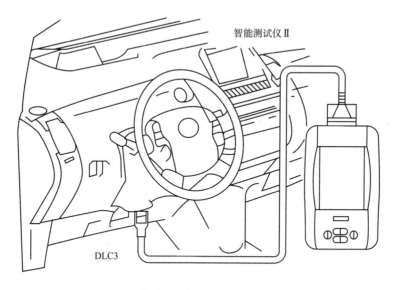

图 5-19 智能测试仪Ⅱ与 DLC3 连接位置图

（1）将车辆设定在 TEST MODE（测试模式）下，检查减速传感器、制动主缸压力传感器、速度传感器和偏移率传感器的运行状况。

（2）检查仅在 TEST MODE（测试模式）下输出的 DTC 的结果。

（3）读取 TEST MODE（测试模式）代码。在测试模式下使用智能测试仪Ⅱ检查 DTC 见表 5-2。

TEST MODE(测试模式)的 DTC　　　　　　　　　　　　　　　　　表 5-2

DTC	诊　　断	可能发生故障的部位
C1271/71	右前速度传感器输出电压低	右前速度传感器； 传感器安装； 传感器转子
C1272/71	左前速度传感器输出电压低	左前速度传感器； 传感器安装； 传感器转子
C1273/73	右后速度传感器输出电压低	右后速度传感器； 传感器安装； 传感器转子
C1274/74	左后速度传感器输出电压低	左后速度传感器； 传感器安装； 传感器转子
C1275/75	右前速度传感器输出电压变化异常	右前传感器转子
C1276/76	左前速度传感器输出电压变化异常	左前速度传感器转子
C1277/77	右后速度传感器输出电压变化异常	右后传感器转子
C1278/78	左后速度传感器输出电压变化异常	左后速度传感器转子
C1279/79	减速传感器故障	偏移率(减速)传感器； 传感器安装
C1281/81	制动主缸压力传感器输出信号故障	制动主缸压力传感器
C0371/71	信号故障	偏移率传感器(减速传感器)

第四节　本田思域混合动力制动系统的构造与维修

一、结构组成

1. 系统概述

针对混合动力车型的需求,本田思域混合动力车辆引入了一套新的制动系统。在混合动力车型中,IMA 电动机在减速过程中充当发电机并产生再生动力。同时,踩下制动踏板时产生液压制动力。为了保持适当的踏板感和制动特性,这两种制动力必须保持很好的平衡。在传统车型中如图 5-20a)所示,没有改变液压助力制动的可行方法。因此,通常令制动力保持不变,绝大部分制动力由液压制动产生。原本可用于 IMA 蓄电池充电的能量,在制动时以发热的形式消耗。新型制动系统如图 5-20b)所示,根据再生动力的大小允许液压制动力改变,这确保了 IMA 蓄电池得到最大限度的充电。

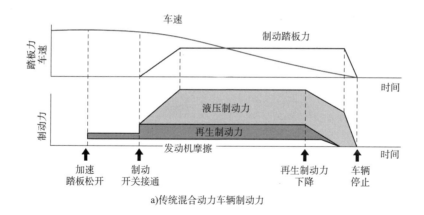

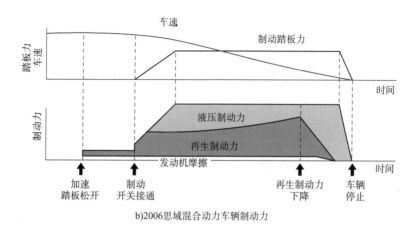

图 5-20　2006 款思域与传统混合动力车辆制动力的比较

2. 主要部件

先进液压助力制动系统用一个提供液压制动助力的动力单元代替传统的真空助力器,伺服单元控制先前提到的两种制动力的平衡,包括制动系统 ECU 和主缸,位于制动踏板总成上的行程传感器测量驾驶人请求的制动力值,制动系统的 ECU 随后确定使用再生制动力是否能满足请求的制动力,或是否需要使用液压制动助力。然后 ECU 指令伺服电磁阀提供大小正确的液压制动助力,根据驾驶人的期望使车辆停止。

动力单元位于仪表板下方,当积蓄了足够高的压力时,将提供油液压力至伺服系统总成。伺服系统总成采用液压伺服系统,而不是传统的负压伺服系统。伺服系统总成的油液压力,通过压力管提供给 ABS 或 VSA 调节器,如图 5-21 所示为液压助力制动系统主要部件,图 5-22 所示为液压助力制动系统控制电路图。

新的制动系统中也集成了慢行辅助系统的功能,标准的 ABS 单元仍是一个独立系统,驾驶人可能会注意到该系统运行时有噪声,这是由于动力单元和伺服单元的运行所导致的,是正常情况。

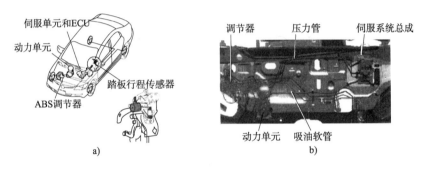

图 5-21 液压助力制动系统主要部件

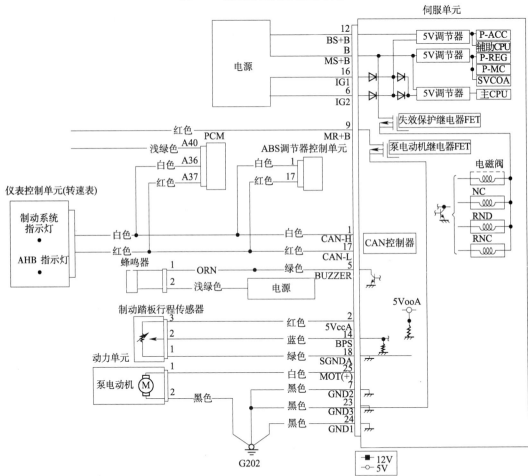

图 5-22 液压助力制动系统控制电路图

二、工作过程

1. 协同再生控制

1）增压控制

带 IMA 的协同控制是指 RN0 电磁阀调节压力差，使其等同于再生转矩，根据调节器压力延迟主缸压力的增加,如图5-23所示。

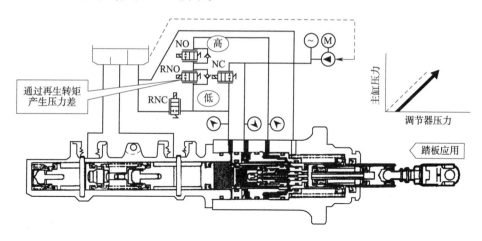

图5-23　增压控制

2)减压控制

带IMA的协同控制是指RNC电磁阀将主缸压力释放至储液罐,根据调节器压力加快主缸压力的下降,如图5-24所示。

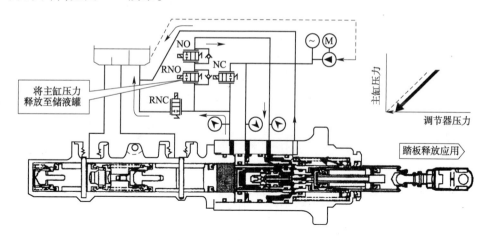

图5-24　减压控制

IMA根据电动机转速和再生转矩(制动力)计算出电动机的最大转矩,用于加速踏板松开时的再生制动,并将再生制动极限值发送至伺服制动系统ECU,计算出等同于再生量的主缸减压量和目标油液压力。伺服系统的ECU控制主缸的油液压力,计算所需的再生转矩并将其发送给IMA端,如图5-25所示。

2. CAS(慢行辅助系统)控制

CAS(慢性辅助系统)控制是指伺服制动的ECU通过NO电磁阀的线性驱动来控制主缸压力。伺服制动的ECU基于CVT向CAS发出操作请求来决定CAS的工作类型,并保持或释放制动压力,如图5-26所示。

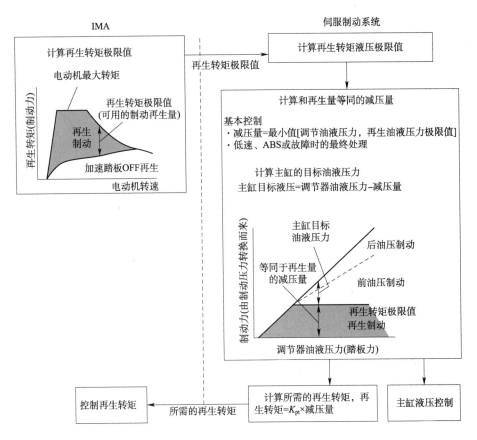

图 5-25 伺服制动系统控制

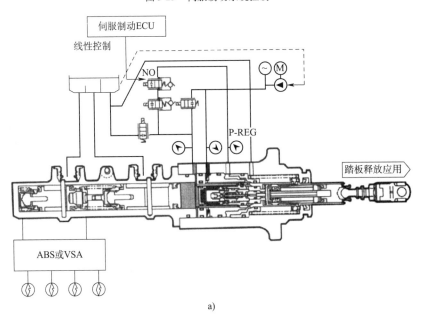

a)

图 5-26

第五章 混合动力汽车制动系统的构造与维修

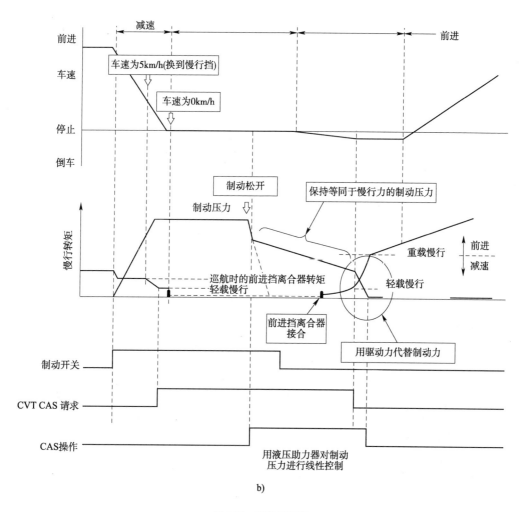

b)

图 5-26 CAS 控制图

当车辆在上坡过程中制动时,制动开关打开。在车辆减速且停止前,CVT 向 CAS 发出请求,使车辆轻载慢行。当松开制动踏板以重新起动时,制动液压力开始下降,但保持了等同于慢行的制动压力。当踩下加速踏板产生驱动力时,它改变了制动力,使车辆前行(在某些上坡情况时,车辆在前行之前先后退一点)。

三、维修与检测

1. 以下零件应作为一个总成拆卸和安装(图 5-27)

(1)伺服单元。

(2)动力单元。

(3)踏板行程传感器。

2. 以下维修与传统车型不同

(1)伺服单元的更换需要高压系统放气,且需要设置行程传感器中点。

(2)动力单元的更换需要高压系统放气。

(3)调节制动踏板高度时,需要设置行程传感器中点。

图 5-27　应作为总成拆装的零件

3. 其他改变

(1)应在点火开关转至 ON 位置且制动踏板未踩下的情况下,检查制动液液位最高位置。

(2)制动警告灯、系统警告灯和蜂鸣器作为警告用,如图 5-28 所示。

图 5-28　警告指示

4. 维修应用零件

(1)伺服单元总成。

(2)动力单元总成。

(3)踏板行程传感器。

5. 检查液压助力器的系统故障

1)伺服单元

(1)单元故障:使用警告灯、DTC 或 HDS 进行检查。

(2)伺服止动器故障:在伺服单元出现故障不工作的情况下,检查制动踏板力和踏板行程。

(3)主缸故障:在伺服单元出现故障不工作的情况下,检查制动踏板力。

2)动力单元

(1)动力单元故障:使用警告灯、DTC 或 HDS 进行检查。

(2)蓄压器故障:使用警告灯、DTC 或 HDS 进行检查。

3)踏板行程传感器

踏板行程传感器故障:使用警告灯、DTC 或 HDS 进行检查。

6. 高压系统的压力释放

(1)将点火开关转至 OFF 位置。

(2)踩下制动踏板,直到感觉卡滞。

(3)拆卸和安装零件(伺服单元、动力单元)。

(4)常规系统的正常放气(点火开关转至 OFF 位置时)。

(5)高压系统放气。

①制动液不足时,加注(至最高位)。

②拆下伺服单元下部的放气盖并连接透明软管。

③慢慢拧松放气盖至 180°左右。

④将点火开关转至 ON 位置。在制动液重新加注的情况下,检查制动液的流动(1 min 左右)。

⑤紧固放气盖。

⑥保持系统状态,直至警告灯熄灭(略少于 1 min)。

⑦将点火开关转至 OFF 位置。

⑧反复踩下制动踏板,直到感觉卡滞。

⑨保持系统 5 min 左右,然后重复步骤⑥~⑧(右侧总共 2 次;左侧总共 3 次左右)。

⑩制动液不足时,加注(保持液位至最高线)。

(6)检查放气(点火开关转至 OFF 位置且无油液压力时,检查行程量)。

(7)完成放气:进行制动踏板行程零点和油液压力中位的设置(当更换伺服单元后,使用检测仪)。

注意:伺服单元更换之后或制动踏板高度调节之后,需再次进行制动踏板行程零点设置。

7. 更换制动液

(1)将点火开关转至 OFF 位置。

(2)松开制动钳放气螺塞。制动液重新加注后,针对每个车轮,反复踩下制动踏板,直到干净的制动液从每个制动钳中流出(第一个车轮需要较长时间)。

(3)拧紧制动钳的放气螺塞,并加注制动液至最高线。

(4)将点火开关转至 ON 位置。

(5)完成制动液更换。

注意:制动液更换后,应根据以下方法估算制动液的含水量。

①当仅更换主系统时,更换制动液时未更换掉的残余制动液:300 cm^3(RES 152 cm^3 + 其他)。

②制动液总量:1065 cm^3 假设更换前含水量是 4.5%(3 年),更换后将是 1.3%(300 4.45/1065 1)。

③两年后的含水量:4.3%(1.3% +1.5×2)。

④含水量是4.3%时,Dot4的沸点是164℃,超出了弱化要求150℃,这是没有问题的。

8.检查液压助力器放气

(1)检查CONV系统的伺服功能:伺服故障时比较制动踏板力和制动踏板行程。

(2)制动踏板行程过长(放气差或功能丧失),应按图5-29所示步骤处理:

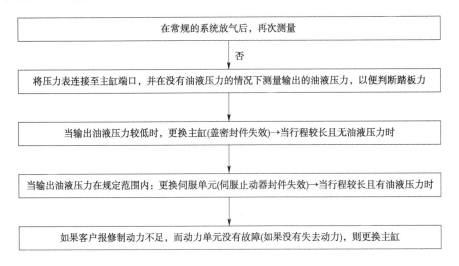

图5-29　制动踏板行程过长处理步骤

(3)检查高压系统:测量蓄压器压力保持时间。当压力保持时间较长时(高压系统放气不良或动力单元功能下降),应按图5-30所示步骤处理:

图5-30　蓄压器压力保持时间较长时处理步骤

9.检查储液罐液位

检查储液罐液位是否在最高线时,点火开关必须转至ON位置。当重新加注制动液或当释放蓄压器压力时(0以下),制动液液位应高于最高线,如图5-31所示。当增大蓄压器压力时,液位应在最高线附近,如图5-32所示。

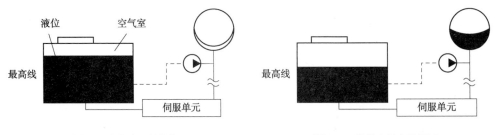

图5-31　液位高于最高线　　　　　　图5-32　液位在最高线附近

第六章 混合动力汽车转向系统的构造与维修

第一节 混合动力转向系统技术

传统汽车的转向助力系统一般采用液压助力,其液压泵由发动机直接驱动。混合动力汽车常有发动机停机工况,这使得由发动机驱动的液压助力转向系统的使用受到限制。电动助力转向系统(Electric Power Steering,EPS)和电液助力转向系统(Electrically Powered Hydraulic Steering,EPHS)可以不依赖发动机驱动,而依靠电机驱动实现转向助力,使其在发动机停机时仍能实现助力转向。

一、电动助力转向系统

1. 电动助力转向系统(EPS)简介

电动助力转向系统(EPS)是依靠电机提供辅助转矩的动力转向系统,主要由传感器、电机、减速机构、控制器及控制策略等组成,如图6-1所示。

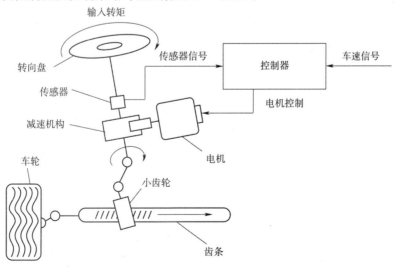

图6-1 电动助力转向系统示意图

电动助力转向系统的基本原理是当驾驶人操纵转向盘时,装在转向轴上的传感器不断检测转向柱上的转矩值,并由此产生电信号,该信号与车速信号一同输入控制器,由控制器根据这些输入信号按照设定的助力控制策略,确定电机产生的目标助力转矩的大小和方向,然后控制电机产生相应的助力转矩,并通过减速机构加在汽车的转向柱上(根据具体方案不同,助力转矩也可以作用在转向系统的其他部分),从而帮助驾驶人完成车辆转向。

EPS 主要有以下几个特点:

(1)能够在不同车速下给车辆提供转向助力,其助力特性的设计依据车速高低而不同,可以兼顾车辆低速行驶时的转向轻便性及车辆高速行驶时的转向稳定性,改善车辆的操纵稳定性。

(2)具有较好的燃油经济性。普通车辆的液压助力转向系统即使在车辆不转向时,其液压泵也一直工作,而 EPS 只在车辆转向时助力电机才提供转向助力,从而减少燃料消耗。

(3)助力与发动机的工作状况无关,其助力电机由动力电池供电,即使在发动机停机时也能提供转向助力。

(4)取消了液压泵、传动带、传动带轮、液压软管、液压油及密封件等,EPS 的零件数比液压转向系统减少,易于实现模块化设计和安装。

(5)没有液压装置,无渗油问题,保修成本降低,污染减小。

(6)更易配置和检测,可以通过设置不同的程序快速与不同车型匹配,缩短开发和生产周期。

2. EPS 的助力方式

按照助力电机在转向系统中具体作用位置的不同,EPS 可以分为三类:转向柱助力型(Column-EPS,C-EPS)、小齿轮助力型(Pinion-EPS,P-EPS)和齿条助力型(Rack-EPS,R-EPS),分别如图 6-2～图 6-4 所示。

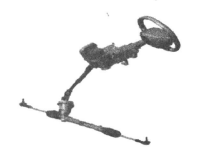

图 6-2 转向柱助力型(C-EPS)

图 6-3 小齿轮助力型(P-EPS)

C-EPS 的助力电机及减速机构配置在转向柱上,这类 EPS 的开发是最早的,应用最为广泛。P-EPS 的助力电机及减速机构配置在小齿轮上,又可分为普通单小齿轮助力型和双小齿轮布置助力型(DP-EPS)。双小齿轮布置与普通 P-EPS 相比,其空间布置具有更多的灵性,方便转向系统在不同车辆上通用。R-EPS 的助力电机及减速机构配置在齿条上,助力电机通过减速机构将助力转矩加载到齿条上,图 6-4a)、b)所示是较常见的类型。图 6-4c)所示为直接驱动型 R-EPS,其助力电机与齿条同轴布置,电机的助力转矩通过齿条箱内的滚珠丝杠直接驱动齿条,助力反应最为迅速。

a)电机轴与齿条非平行布置　　b)电机轴与齿条平行布置　　c)电机轴与齿条同轴直接助力

图 6-4　齿条助力型 R-EPS

三大类型 EPS 有以下几个方面的特点:

(1)助力性方面。在 C-EPS 和 P-EPS 中,由于转向盘输入转矩与电机助力转矩需要同时通过转向器的小齿轮向齿条传递,受到小齿轮的刚度与强度限制,助力转矩值不能很大,因此多用于小型汽车中。R-EPS 可通过减速机构直接向齿条提供助力转矩,小齿轮只传递转向盘输入转矩,因此 R-EPS 提供的助力转矩比 C-EPS、P-EPS 大,使其在中大型车辆上的应用成为可能。

(2)响应和舒适性方面。在转向系统中,从转向盘到转向轮的各零部件之间存在间隙,且在传递转矩时会出现一定变形,因此助力转矩输入位置到转向轮的距离,会影响助力系统的响应速度。C-EPS 的助力作用在转向柱,离转向轮最远;P-EPS 的助力作用在小齿轮,离转向轮较近;R-EPS 的助力转矩直接作用于转向齿条,助力反应最为迅速准确,使转向系统具有更优异的操纵感。另外与 C-EPS 相比,P-EPS 和 R-EPS 的助力电机、控制器及传感器等电气电子器件都安装在发动机舱内,可以有效屏蔽转向系统噪声。

(3)安全性方面。因为 C-EPS 的助力减速机构和传感器等都安装在转向轴上,减少了车辆发生碰撞时的能量吸收空间,不利于转向管柱吸能结构的设计。P-EPS 和 R-EPS 的转向柱设计可同传统液压转向系统(HPS)一样,具有更多的空间用于安全吸能结构,因此 P-EPS 和 R-EPS 比 C-EPS 具有更好的安全性。

(4)安装空间方面。C-EPS 系统结构紧凑,其助力电机、减速机构、传感器及控制器等常采用一体化设计,安装到中小型车辆上最为简便。另外,双小齿轮布置的 P-EPS 及采用两级减速机构的 R-EPS,其动力辅助单元可在齿条上灵活设计,增加了配置自由度。

(5)成本方面。C-EPS 开发早,成本低,一般应用于小型和微型车辆中。P-EPS 和 R-EPS 成本较高,多用于中高级车辆中,其电机、控制器及传感器等电器件大都安装在发动机舱内,耐热、防水等要求比 C-EPS 高,会增加成本。

3. EPS助力电机及减速机构

根据电子控制单元(ECU)的指令,助力电机输出相应的助力转矩。助力电机的驱动控制是一种转矩伺服控制,所以EPS不仅要求电机低转速大转矩、转矩波动小、转动惯量小、损耗转矩小,而且要求体积小、质量轻、可靠性高等。由于采用稀土材料的永磁无刷电机具有功率密度高、体积小、转动惯量小、能量损耗小、散热条件好、无电刷磨损、可靠性高等优点,正成为EPS助力电机的发展方向。另外,与小型车不同,大中型车辆通过采用42V电压的助力电机来满足汽车系统的要求,这也是汽车供电系统的发展趋势。

图6-5 蜗轮蜗杆减速机构

助力电机还需要配备减速机构,这有利于减小电机尺寸,降低成本。目前EPS中常见的减速机构多采用蜗轮蜗杆机构(图6-5),蜗轮采用尼龙材料以降低噪声。R-EPS通常采用两级减速机构,一级可采用斜齿轮、带轮传动等减速机构,二级采用滚珠丝杠机构。如果采用同轴电机则只需要滚珠丝杠减速机构即可。

4. EPS的电子控制单元

对EPS而言,其电子控制单元的功能可划分为下列三大类:

(1)助力功能根据转向传感器信号和车速信号等进行逻辑分析与计算,控制助力电机输出适宜的助力力矩。这是ECU最基本的功能,它与控制策略直接相关,决定了EPS的操纵性能。由于该功能的实时性要求非常强,通常采样时间为毫秒级,因此选择适宜性价比的微处理器对EPS的性能和成本很重要。

(2)故障诊断与系统保护功能通过采集转向传感器、电机电流、电池电压、发动机工况等信号,判断EPS是否有故障发生。当有故障发生时,根据故障部位和故障等级对EPS功能进行限制并通知驾驶人,故障部位及故障情况记录在ECU中。为了进一步提高可靠性,还可采用双CPU的冗余设计,对ECU内部的故障实行诊断和故障处理。

(3)通信功能实现与其他车载传感器、车载ECU、外部通信装置间的信息交换。

EPS的ECU发展方向可概括如下:

(1)模块化一体化设计,以减小线路损耗、提高电磁兼容性、实现EPS的小型化、轻量化目标,如图6-6所示。

(2)防水、耐高温,满足发动机舱内安装的环境要求。

(3)保护功能的最优化,优化电机及ECU的过热保护功能,在确保安全的前提下最大限度满足助力需求。

（4）特性参数的个性化与多样化，可根据车型、行驶工况及其他特殊要求等，选择多种助力特性。

（5）CAN 通信功能，使信号交换更加简便可靠，节省线束、提高保密性。

（6）采用专用芯片与制造工艺，以提高 ECU 的集成度与可靠性。

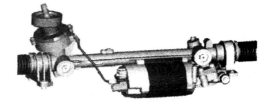

a) 转矩传感器电路内置于ECU　　b) 电机与ECU一体化设计　　c) 电机与ECU一体化设计

图 6-6　ECU 模块化一体化设计

5. EPS 的控制策略

EPS 作为一个非线性、多输入多输出的控制系统，控制策略是关键。控制策略的基本功能是在转向过程中提供最佳的转向助力，减轻驾驶人的疲劳强度，其设计目标包括以下几个方面：

（1）基本助力控制，设计合理的助力曲线，兼顾车辆低速转向轻便性和高速平稳性。

（2）回正控制，使转向盘具有良好的回正性能。

（3）良好的系统稳态性能和动态性能。

（4）驾驶人能够获得良好的路感，能够反映有用的路面信息。

（5）有效抑制系统内部的各种扰动。

如图 6-7 所示，EPS 控制策略是可实现一个或多个控制目标的多种控制策略的综合。其中基本助力控制是 EPS 整个系统控制算法的基础，直接影响驾驶操纵感觉。良好的基本助力控制算法可使驾驶人获得适宜的路感和手感；反之，将增加驾驶人的操纵强度，降低操纵舒适性，使得驾驶人缺乏路感，造成误判。

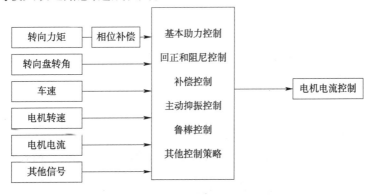

图 6-7　电动助力转向的控制策略框图

（1）基本助力控制。基本助力控制一般是通过对基本助力曲线的设计来实现的，常用助力曲线主要有图6-8所示的直线形、折线形和曲线形三种形式。根据具体控制算法，在相同车速下，EPS助力会随着转向盘操舵力矩的增加而增加。当驾驶人操舵力矩不变而车速不同时，电机的助力力矩随着车速的增大而逐渐变小，以保证车辆的低速转向轻便性和高速操纵稳定性。

（2）回正和阻尼控制在车辆低速行驶时，由于转向系统中摩擦和阻尼的存在，以及转向轮轮胎的阻尼效应，会出现转向盘无法准确回正、有残留转向盘转角和残留横摆角速度等情况，导致车辆的直线行驶性能降低。另外车辆高速行驶时，转向盘在回正过程中会出现超调情况，严重时会引起车辆摆振，影响操纵稳定性。针对第一种情况，EPS控制策略中采用回正控制策略，提高车辆转向盘回到中间位置的性能；针对第二种情况，控制策略中采用回正阻尼控制策略，必要时增加转向系统的主动阻尼，使转向盘能够平稳回正，避免出现超调、摆振等情况。回正控制和回正阻尼控制这两种方法都需用到转向盘转角和转速等信号。

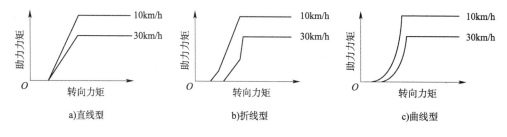

图6-8 常用的助力曲线形式

（3）补偿控制。电动助力转向系统除了具有机械部件间常见的摩擦和阻尼外，电机和减速机构也给转向系统带来了较大的惯量和摩擦，从而产生助力滞后和助力不足等影响，因此EPS控制策略中采用补偿控制策略。补偿控制包括摩擦补偿、惯量补偿等，是EPS助力策略中的一个修正性控制算法，是在基本助力控制基础上附加对电机输出转矩的修正量。补偿转矩的大小，由所需要补偿的惯量、阻尼和摩擦的大小，以及对应的转速、转动加速度和转动方向决定。

（4）主动抑振控制对于驾驶人来说，通过转向轮回正产生的路感对于汽车操纵非常重要。然而当车辆行驶在不平路面或轮胎偏心时，由轮胎传来的扰动会造成转向盘振动，使驾驶人感到不适，严重的会丧失路感。为改善路感，抑制转向盘振动，需要为EPS开发主动抑振策略。比较常用的主动抑振策略是利用路面信息与路面振动的频率段分离性来降低转向盘振动，针对路面振动所对应的特定频带设计一个辅助阻尼控制器，从而在不影响路面信息的情况下实现主动抑振，降低转向振动的发生。

（5）鲁棒控制在实际情况中，转向系统及其所在的车辆环境等的精确数学模型是不可能得到的。此外,随着温度、路况等运行工况的变化,以及系统元件的老化和磨损等,控制对象本身的特性也会逐渐发生变化,众多因素导致实际被控对象和数学模型间存在较大误差和不确定性。因此对于被控对象的参数摄动和模型的不确定性,所设计的控制策略的鲁棒性较差,而利用鲁棒控制可以提高 EPS 控制系统的鲁棒性能。

(6)其他控制策略 随着汽车安全性与舒适性要求的进一步提高,EPS 的控制策略向着智能化、安全化方向发展,以实现辅助驾驶人驾驶的更多功能。目前研究机构正积极研发多种辅助驾驶及安全驾驶方面的智能转向控制策略。

目前 EPS 的发展趋势主要有以下几个方面:部件一体化、轻量化,助力大功率化,有刷电机向无刷电机过渡,智能化和安全化。

二、电动液压助力转向系统

由于电动助力转向系统的助力力矩较小,大型混合动力汽车需要采用电动液压助力转向(Electrically Powered Hydraulic Steering,EPHS)系统,其系统结构和工作原理分别如图 6-9 和图 6-10 所示。EPHS 的基本工作原理是将由发动机驱动的液压泵改由电机驱动,采用独立于发动机的动力电池组为电机供电。这样液压泵的运行状态与发动机工作状态分离,可以实现独立控制,系统根据车辆的运行状态实时控制电机,达到提高性能和节能效果。电动液压助力转向技术既具有传统液压助力转向技术成熟、助力大、运行可靠及手感好等特点,又具有电动机的高效率、易控制等优点。

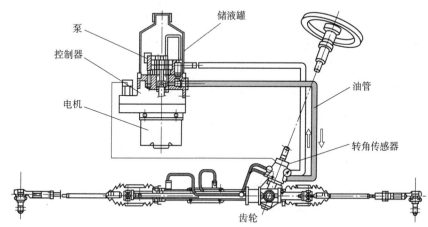

图 6-9 EPHS 系统结构示意图

1. EPHS 系统的动力单元

在电液助力转向系统中,一般对 ECU 和无刷电机进行一体化设计,其中动力单元包括液压泵、储液罐、电机和控制器。由于结构机械强度的限制,目前 C-EPS 和 P-EPS 最大只能产生 8kN 左右的输出力,其最大输出力远不及 EPHS。造成这种情况的原因是 EPS 和 EPHS

所使用的电机不同。根据 EPHS 的电机输出,动力单元被分为四个等级,分别是面对小型车的普通功率(NP)类型、面对小型车和中型车的高功率(HP)、增强高功率(BHP)类型,以及将来面对大型车的超高功率(SHP)类型。EPHS 系统的主要技术包括提高电机效率和开发高性能的液压泵。

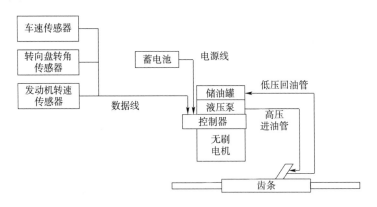

图 6-10　EPHS 系统工作原理示意图

2. EPHS 系统的控制阀

在 EPHS 系统中,转向控制阀是液压助力转向器的关键元件,其特性决定着转向器的性能,并直接影响着整个转向系统的性能。控制阀分为滑阀和转阀两种,目前常见的转向器采用的都是转阀结构。EPHS 转阀的工作方式如图 6-11 所示,现以齿轮齿条转向机、前置转向梯形为例,对 EPHS 系统的助力过程给予说明。在车辆直线行驶时,转阀的阀芯与阀套之间无相对转角,阀芯处于中间位置,阀芯齿和阀套齿不接触,a、b、c、d 四个油口均连通,液压泵输送的油从进油口 d 进入转阀后,直接从回油口 e 流回储液罐,使得位于活塞(安装在齿条上)两侧的左、右腔无压力差,因此不产生转向助力作用;当汽车左转弯时,旋转转向盘后使阀芯相对阀套旋转一个角度,此时阀芯齿与阀套齿一侧接触、一侧不接触,使得 d 口只与 a 口导通,b 口只与 c 口导通,工作缸右腔形成高压油液,工作缸左腔仍为低压油液,于是在活塞左、右两侧形成压力差,使齿条向左运动,从而对轮胎左转产生助力作用。

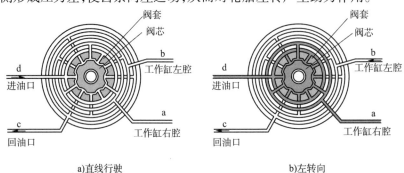

图 6-11　转阀的工作方式

3. EPHS 系统的控制策略

EPHS 系统通过控制电机的转速调节转向液压泵的供油,从而实现转向助力,其控制流程如图 6-12 所示。控制器的输入信号是转向盘角速度、车速和发动机转速等,为了获得最佳的转向感觉,电机的转速由车速和转向盘的转角及速度决定。为了使电机转速与控制器运算后确定的转速值相匹配,电机装有传感器测量电机转速,并将测量值反馈给控制系统,实现闭环控制。电机中配有温度传感器和电流检测电路,如果电机温度过高或电流过大,则实施自我保护。

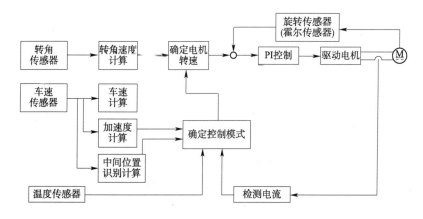

图 6-12　EPHS 系统的控制流程图

EPHS 采用了三种控制模式,分别为 Stand-by 控制、Stop & go 控制和 Idle & go 控制。

(1) Stand-by 控制。不使用外部传感器而有效地控制电动助力泵单元,通常用于带有刷电机的系统。控制方法分为 Stand-by 模式和助力模式两种工况:在非转向工况下,电机转速维持在较低的水平,为 Stand-by 模式;在转向工况,电机转速升高,进入助力模式。控制器根据电机转速信号和电流的变化,控制电机在两种模式之间进行切换,电机转速通过改变电机驱动电压来控制。这种方法的缺点是效率低、响应较差、转向感觉恶化。

(2) Stop & go 控制为提高能量利用效率,采用了起动性能更好的低惯量无刷电机,并且增加了转向角传感器。控制方法与 Stand-by 控制基本一致,区别在于非转向工况下,电机停止运转,一旦开始转向,电机能够迅速地从停止上升到目标转速。这种方法具有转向感觉好、节能效果明显的优点。

(3) Idle & go 控制这种方法与 Stop & go 控制策略的算法基本相同,区别在于非转向工况下,并没有完全停止电机,而是让电机以极低的速度保持运转(Idle 模式),以提高响应速度。当采用分辨率较低的转向角传感器时,这种控制策略能更好地改善转向感觉。

以上三种控制策略主要包括如下功能控制模块:

(1) 转速控制。根据转向速率调节电机转速,使得进入液压阀的油液流量为常数,优化转向感觉。

（2）电机起动控制。电机起动电压设定为转向速率的函数，使得电机在极低的转向速率情况下可以逐渐起动，而在高转向速率下能够瞬时起动。

（3）车速控制通过控制电机转速，使得低速时转向轻便，高速时转向力加大，从而提供良好的转向稳定感。

（4）中间位置检测控制在 Stop&go 控制中，当车辆直线行驶转向盘位于中间位置时，电机必须停止。但由于测量精度有限，使用转向角传感器的同时还需加入一定的控制算法才能准确地确定转向盘的中间位置。

（5）低温起动控制。由于低温时电机受油液黏性增大的影响，造成液压泵起动困难，所以低温时应让电机进入全驱动模式，当油液温度适宜后再回到正常控制模式。这要求系统有温度传感器，另外还有油温补偿控制、故障诊断、CAN 通信等模块。

提高助力转向系统性能、降低系统能耗，是 EPHS 系统的关键问题。EPHS 系统的主要研究方向：电机与液压泵的匹配研究，进一步提高系统效率；改进控制算法以适应系统的非线性，提高系统的动态性能，节约能量；开发适宜中重型车辆使用的大功率、高响应电动液压助力转向系统；采用车速和转向速度、横向加速度、前轴重力等多种信号的进行系统综合控制，进一步提高转向时的路感，减轻驾驶人负担，实现精确转向等。与此同时，液压泵也在朝着高性能低噪声、体积小、轻量化方向发展。

第二节　丰田普锐斯电动转向系统的构造与维修

如图 6-13 所示，丰田普锐斯混合动力汽车采用的是电动转向（EPS）系统。它由手动倾斜和伸缩机构、转向柱采用能量吸收机构和用电动转向锁止系统等组成，其规格参数见表 6-1。

一、电动转向系统的组成

电动转向（EPS）系统采用内置于动力转向拉杆总成内的动力转向电动机和减速机构，以产生辅助转矩，从而增大驾驶人的转向力矩。动力转向 ECU 总成根据传感器和 ECU 提供的信号来计算动力辅助的大小。动力转向电动机（内置于动力转向

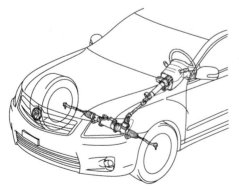

图 6-13　丰田普锐斯混合动力汽车电动转向系统

拉杆总成内提供动力辅助）仅在需要动力辅助的时候才消耗能量，因此电动转向系统具有出色的燃油经济性。

第六章　混合动力汽车转向系统的构造与维修

电动转向系统的规格参数　　　　　表 6-1

动力转向类型	电动转向(EPS)	动力转向类型	电动转向(EPS)
转向机类型	齿条—齿轮	转向盘左右打到底的圈数	3.1
传动比(总体)	15.6	齿条行程(mm)	156.0

1. 系统图

电动转向系统如图 6-14 所示。

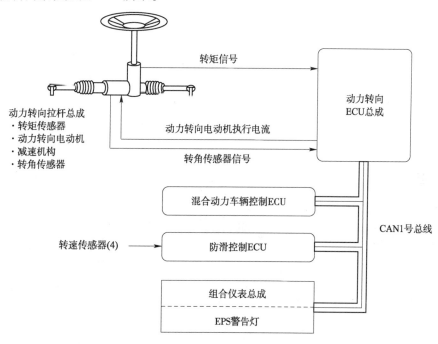

图 6-14　电动转向系统

2. 主要零部件的布局

主要零部件的布局如图 6-15 所示。

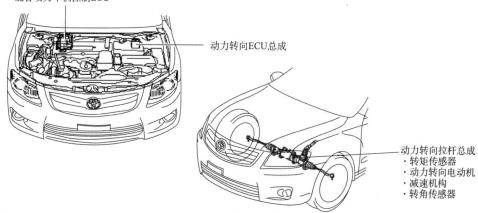

图　6-15

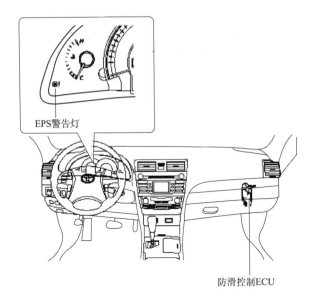

图 6-15 主要零部件的布局

3. 主要零部件的功能

主要零部件的功能见表 6-2。

主要零部件的功能　　　　　　　　　　　　　　　表 6-2

零部件		功　　能
动力转向拉杆总成	转矩传感器	检测扭杆的扭转度，通过将扭转度转换成电信号来计算施加在扭杆上的扭矩。将该信号输出至动力转向 ECU 总成
	动力转向电动机	根据从动力转向 ECU 总成接收的信号来产生动力辅助
	减速机构	采用丝杠机构通过循环球式减速器和齿条轴齿轮降低速度，并且将旋转运动转变为线性运动
	转角传感器	将动力转向电动机的转角输出至动力转向 ECU 总成
动力转向 ECU 总成		(1) 根据从各种传感器接收到的信号，驱动力转向电动机以提供动力辅助； (2) 动力转向 ECU 总成检测到 EPS 系统故障时，将警告信号输出至组合仪表总成
混合动力车辆控制 ECU		将 READY 信号传输至动力转向 ECU 总成，以告知 EPS 系统已经可以发电
防滑控制 ECU		将车速信号传输至动力转向 ECU 总成
组合仪表总成	EPS 警告灯	如果某一系统发生故障，一旦接收到来自动力转向 ECU 总成的信号，则仪表 ECU 就会点亮 EPS 警告灯

二、动力转向拉杆总成

转向拉杆总成由转矩传感器、动力转向电动机和减速机构组成，如图 6-16 所示。

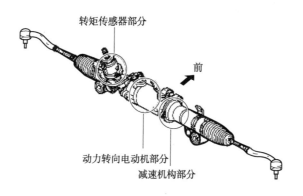

图 6-16 动力转向拉杆总成的组成

1. 动力转向电动机

动力转向电动机是一种大功率、无刷型电动机。动力转向电动机同轴安装在齿条轴上（图 6-17），由转角传感器、定子和转子组成。循环球式减速器由减速机构组成，安装在转子上。钢球将动力转向电动机的转矩以轴向力的形式传输至齿条轴。转角传感器由可靠性高且耐用的解析器传感器组成。转角传感器检测动力转向电动机的转角，并将其输出至动力转向 ECU 总成。从而确保了 EPS 控制的高效性。

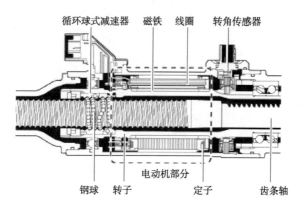

图 6-17 动力转向电动机的安装位置

2. 减速机构

减速机构（图 6-18）由表面光滑的经过精密加工的钢球螺纹构成，实现了高效率和低噪声。循环球式减速器有 4 个钢球导向装置，被固定在转子上。钢球导向装置不停地旋转循环球式减速器内部的钢球。电动机运行以使转子旋转。然后，电动机的转矩通过钢球至循环球式减速器移动，从而将直接轴向力传输至齿条轴。

3. 转矩传感器

1）转矩传感器的组成

转矩传感器由主轴（输入轴）、扭杆、2 个解析器和小齿轮轴（输出轴）组成，如图 6-19 所示。转矩传感器的 2 个解析器分别安装在主轴（输入轴）和小齿轮轴（输出轴）上，而主轴和小齿轮轴与扭杆耦合在一起。该结构产生相对角度差异(等于扭杆的扭转量)。驾驶人转动转向盘时,会产生主轴(输入轴)传输至解析器1(输入侧)的角度与小齿轮轴(输出轴)传输到解析器2(输出侧)的角度之间的差异。

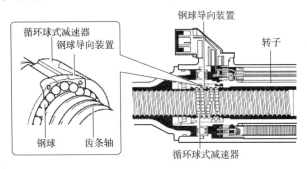

图 6-18　减速机构

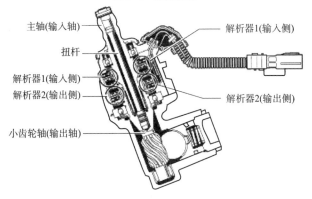

图 6-19　转矩传感器的组成

2)转矩传感器的工作情况

(1)直线行驶。如果车辆直线行驶且驾驶人没有转动转向盘,则动力转向ECU总成判定此时输出规定电压,以指示转向盘位于中间位置。因此,无电流施加至动力转向电动机。

(2)转向时。

①驾驶人转动转向盘时,解析器1和解析器2的转子部分之间产生相对角度差异,仅与扭杆的扭转量相等(图6-20)。

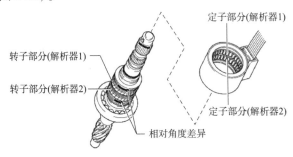

图 6-20　相对角度差异

②解析器1和解析器2的定子部分以电信号形式接收转子角度并将其输出至动力转向ECU总成。根据这些输入信号,动力转向ECU总成计算2个解析器检测到的角度之间的相对差异。

③动力转向ECU总成根据此差异来计算转矩值。然后,动力转向ECU总成根据计算的转矩值和车速来计算辅助电流。根据从转角传感器获得的信息,动力转向ECU总成以预定电流驱动动力转向电动机。

转矩传感器输出曲线如图6-21所示。

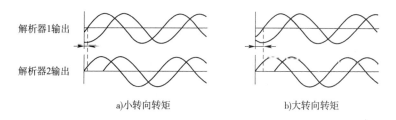

图6-21 转矩传感器输出曲线

三、系统控制

电动转向(EPS)系统具有的控制功能见表6-3。

电动转向系统的控制功能　　　　　　　表6-3

控 制 功 能	概　　要
基本控制	根据转向转矩值和车速计算所需的辅助电流并驱动动力转向电动机
惯性补偿控制	驾驶人开始转动转向盘时,提高动力转向电动机的起动性能
恢复控制	在驾驶人打满转向盘和转向盘试图恢复的较短间隔内,该功能可辅助恢复力
缓冲控制	车辆高速行驶时,驾驶人转动转向盘会调节辅助力,从而缓冲车身横摆率的变化
电压增压控制	增加动力转向ECU总成内的辅助蓄电池电压。驾驶人未转动转向盘或车辆直线行驶时,保持在0V。驾驶人转动转向盘时根据负载情况,此功能将可变控制限制在27~34V
系统过热保护控制	根据电流大小和电流持续时间估算电动机温度。如果温度超过标准温度,则此功能限制电流强度以防止电动机过热
失效保护	动力转向ECU总成检测到EPS系统存在故障时,该ECU将控制模式切换至失效保护模式,从而使车辆行驶
诊断	如果动力转向ECU总成检测到该系统存在故障,则使EPS警告灯闪烁,以警告驾驶人并存储诊断故障码(DTC)

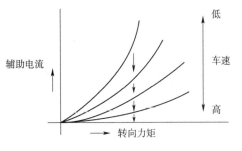

图 6-22 转向力矩与辅助电流的关系

1. 基本控制

动力转向 ECU 总成接收车速信号和来自各种传感器的信号。根据这些信号，动力转向 ECU 总成判断当前车辆状况，并确定施加至电动机的辅助电流。图 6-22 表示转向力矩和辅助电流的关系。

2. 失效保护

失效保护操作模式见表 6-4。

失效保护操作模式　　　　表 6-4

项　　目	控制功能
转矩传感器故障	禁用辅助
转角传感器故障	禁用辅助
动力转向电动机过热	限制辅助力
动力转向电动机短路（包括驱动系统故障）	禁用辅助
动力转向电动机电流过大	禁用辅助
动力转向 ECU 过热	限制辅助力
动力转向 ECU 内部温度传感器系统故障	限制辅助力
动力转向 ECU 故障（包括增压电路系统故障）	禁用辅助
车速信号故障	限制辅助力
电源电压故障	暂停辅助（电压恢复后提供正常辅助）

四、系统故障诊断与维修

如果动力转向 ECU 检测到 EPS 存在故障，则诊断故障码（DTC）将会存储在动力转向 ECU 存储器中。可以通过将智能检测仪连接到 DLC3 来读取 5 位数的 DTC。

1. 电动转向系统维修注意事项

（1）初始化时应注意断开蓄电池负极（－）端子后，如重新连接该端子后，电动窗控制系统将被初始化。

（2）激活混合动力系统应注意。

①警告灯亮起或蓄电池断开又重新连接，则初次按下电源开关可能无法启动该系统。如果是这样，则再按一次电源开关。

②打开电源开关（IG），断开蓄电池。如果在重新连接时钥匙不在钥匙孔内，则可能输出 DTC——B2799。

2. 电动转向系统故障症状表

电动转向系统故障诊断项目及故障码见表 6-5。

故障诊断项目及故障码　　　　　　　　　　　　　表6-5

故障码(SAE)	故障部位	诊断项目
C1511	转矩传感器	转矩传感器异常
C1512		转矩传感器电源异常
C1521	电动机	电动机温度异常
C1522		电动机异常
C1523		
C1524		
C1525		
C1531	控制单元	转向控制单元异常
C1532		
C1533		
C1534		
C1535		
C1536		
C1537		
C1541	车速传感器	车速传感器异常
C1542		车轮转速传感器异常
C1551	电源	IC电源电压低
C1552		PIG电源电压低
C1553		行驶中电源再投入（点火开关"ON→OFF→ON"）
C1554	控制单元	转向控制单元异常

当诊断仪器S2000与系统相连时，能对系统进行故障诊断，或者在系统出现问题时，P/S警告灯点亮并记忆故障码。

DTC检查时显示正常系统代码，如果这时故障依然出现，则按表6-6的顺序对应每个故障症状检查组件，并进行故障排除。

电动转向系统故障症状表　　　　　　　　　　　　　表6-6

故障现象	可能发生故障的部位
转向沉重	(1)前轮胎（充气不当，不均匀磨损）； (2)前轮定位（错误）； (3)前悬架（下球头）； (4)转向机总成； (5)转矩传感器（安装在转向柱内）； (6)转向柱总成； (7)动力转向电动机； (8)蓄电池和电源系统； (9)动力转向ECU总成的电源电压； (10)动力转向ECU总成

续上表

故障现象	可能发生故障的部位
左右转向不均	(1)转向中点(零点)没有标明； (2)前轮胎(充气不当,不均匀磨损)； (3)前轮定位(错误)； (4)前悬架(下球头)； (5)转向机总成； (6)转矩传感器(安装在转向柱内)； (7)转向柱总成； (8)动力转向电动机； (9)动力转向 ECU 总成
行驶时,转向力不根据车速变化或转向盘无法回位	(1)前悬架； (2)速度传感器； (3)制动防滑控制 ECU； (4)发动机转速检测电路； (5)ECM； (6)转矩传感器(安装在转向柱内)； (7)动力转向电动机； (8)动力转向 ECU 总成； (9)控制 CAN 通信系统
动力转向时,前后转动转向盘,发出沉闷金属声	(1)前架； (2)转向中间轴； (3)转向机总成
低速行驶时,转动转向盘,发出摩擦声	(1)动力转向电动机； (2)转向柱总成
车辆停止时,慢慢转动转向盘,发出音调很高的声音(尖利)	动力转向电动机
车辆停止时,转动转向盘,转向盘振动或发出异常噪声	(1)动力转向电动机； (2)转向柱总成

第三节　本田思域混合动力转向系统的构造与维修

一、本田思域混合动力转向系统的结构

本田思域混合动力转向系统由机械转向系统和 EPS 控制系统组成。机械转向系统如图 6-23 所示。EPS 控制系统由车速传感器、扭矩传感器、控制单元 ECU、助力电机、减速机构和故障诊断接口等组成,动力转向电控系统电路如图 6-24 所示。

1. 转矩传感器

转矩传感器用来检测转向盘操作力矩的大小和方向,并把它转换为电压值传给 ECU。

助力电机的助力大小与转矩传感器的转矩大小成正比,即转矩传感器转矩越大,助力电机助力越大。

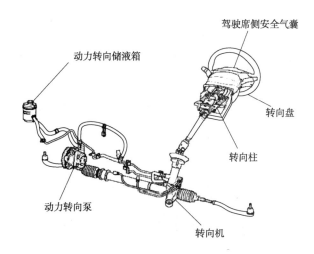

图 6-23 机械转向系统

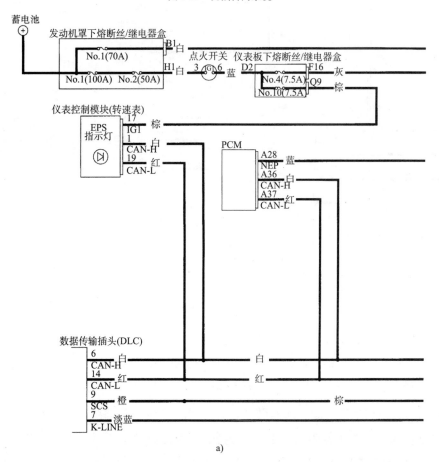

a)

图 6-24

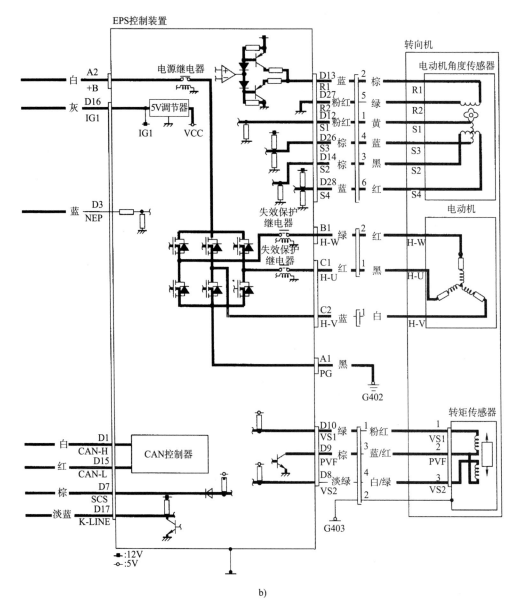

b)

图6-24 动力转向电控系统电路

转矩传感器结构如图6-25所示。当转向盘在中位时,固定销在斜槽的中间位置。当向右转动转向盘时(从输入轴端看),由于小齿轮10处有转向阻力,于是输入轴和输出轴之间发生相对位移,扭杆发生扭转变形。由于输入轴向右转动,输入轴上的固定销也向右转动,固定销通过斜槽预推动阀芯向右转动,但因阀芯只能沿着轴线方向移动,固定销和斜槽之间的法向作用力产生使阀芯向上运动的分力,因此阀芯向上移动。转向阻力越大,扭杆变形越大,阀芯向上移动的距离越大。通过这种结构,可将扭杆的角变形转变成阀芯的上下直线位移。

2. 车速传感器

车速传感器位于变速器输出轴上,车速信号首先传给动力控制单元,然后动力控制单元再将车速信号传送给 EPS 的 ECU。EPS 控制器根据车速的高低决定助力的大小,一般低速转向时,为保证转向轻便性,助力较大;高速转向时,为提高路感和操纵稳定性,助力较小。

3. 发动机转速信号

动力控制单元为 EPS 的 ECU 提供发动机转速信号,EPS 的 ECU 根据发动机转速信号判断发动机是否工作,以决定 EPS 是否投入工作,在发动机熄火情况下 EPS 停止运行,主要是防止原地反复转向时大量消耗蓄电池的电能。

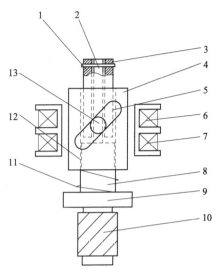

图 6-25 转矩传感器结构示意

1-输入轴;2-扭杆;3-固定销钉;4-阀芯;5-斜槽;6-线圈1;7-线圈2;8-输出轴;9-蜗轮;10-小齿轮;11-弹簧;12-滑动平键;13-固定销

4. 助力电机总成

助力电机总成由助力电机和减速机构组成,如图 6-26 所示。助力电机为直流电机,其作用是提供助力转矩,帮助驾驶人转向。减速机构为蜗轮蜗杆式,蜗杆与电机电枢轴同轴,蜗轮固定在转向器的小齿轮轴上。另外,助力电机输出轴的支承部位上装设有橡胶减振器,以允许轴向位移,降低蜗杆啮合部分发出的噪声和来自轮胎的冲击,提高车辆的转向感。

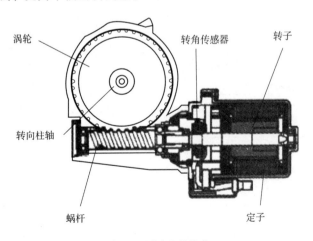

图 6-26 助力电机总成

二、故障码

EPS 设有故障自诊断系统,当系统的元件发生故障时,位于仪表盘上面的 EPS 故障指示灯会常亮,并将故障代码存入到 ECU 的存储器中,同时停止助力。故障码如表 6-7 所示。

故障码及测试项目　　　　表 6-7

DTC	测试项目	DTC	测试项目
32-08	电流传感器(常规诊断)	36-02	EPS 控制装置内部电路(INHL 输出电路)(初始诊断)
32-09	电流传感器(初始诊断)		
33-01	下部 FET 卡滞在接通位置(初始诊断)	37-01	EPS 控制装置内部电路(升压电路)(初始诊断)
33-02	上部 FET 卡滞在接通位置(初始诊断)	51-01	转矩传感器(VT1 与 VT2)高/低电压(常规诊断)
33-06	下部 FET 卡滞在接通位置(常规诊断)	51-02	转矩传感器(VT3 差速器放大功能)(常规诊断)
33-07	下部 FET 卡滞在接通位置(常规诊断)	51-03	转矩传感器(VT1、VT2 速度变化)(常规诊断)
34-01	电源继电器卡滞在接通位置(IC 开关关闭)	51-06	转矩传感器(VT1、VT2 平均)(常规诊断)
34-02	失效保护继电器卡滞在接通位置(初始诊断)	51-07	转矩传感器(VT1、VT2 初始检查)(初始诊断)
35-01	EPS 控制装置内部电路(CPU)(初始诊断/常规诊断)	61-04	电动机线束断路/短路(转向诊断)
		71-01	电动机角度传感器(SIN/COS 信号)(转向诊断)
35-02	EPS 控制装置内部电路(EEPROM1)(初始诊断)	71-02	电动机角度传感器(SIN/COS 空挡位置学习程序)(初始诊断)
35-03	EPS 控制装置内部电路(EPS CPU)(初始诊断)	71-03	电动机角度传感器(SIN/COS 信号)(转向诊断)
35-04	EPS 控制装置内部电路(CPU 通信)(常规诊断)	71-04	电动机角度传感器信号(检查信号)(初始诊断)
35-05	EPS 控制装置内部电路(电动机/EPS CPU)(初始诊断)	71-05	电动机角度传感器(SIN/COS 信号变化量)(转向诊断)
35-06	EPS 控制装置内部电路(ITN 通信)(常规诊断)	71-06	电动机角度传感器(SIN/COS 空挡位置)(初始诊断)
35-07	EPS 控制装置内部电路(INHL/INHR 端口)(初始诊断/常规诊断)		

注:1. 初始诊断:发动机起动后直到 EPS 指示灯熄灭为止时的正确诊断。

　　2. 常规诊断:初始诊断后直到点火开关关闭为止时的正确诊断。

　　3. 转向诊断:转动转向盘时,在常规诊断中进行。

三、端子功能和检测数据

EPS 控制装置插头 D(28 芯)如图 6-27 所示,其端子功能和检测数据见表 6-8。

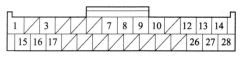

凹头插头导线侧

图 6-27　EPS 控制装置插头 D(28 芯)

EPS 控制装置插头 D(28 芯)端子功能和检测数据　　　表 6-8

端子编号	导线颜色	端子标记（端子名称）	说　明	信号 端子	信号 条件	信号 电压
1	白	CAN-H(CAN-高)	CAN 通信电路	—	—	—
3	蓝	NEP(发动机脉冲)	检测发动机转速信号	3-GND	发动机运转	脉冲
7	棕	NEP(发动机脉冲)	检测维修检查插头信号	7-GND	SCS 未搭铁	蓄电池电压
8	淡绿	VS2(电压传感器 2)	检测转矩传感器信号	—	—	—
9	棕	PVF(电压降低)	驱动转矩传感器	—	—	—
10	绿	VS1(电压传感器 1)	检测转矩传感器信号	—	—	—
12	粉红	S1(信号 1)	检测电动机角度传感器信号	—	—	—
13	蓝	R1(电动机角度传感器 1)	检测电动机角度传感器信号	—	—	—
14	棕	S2(信号 2)	检测电动机角度传感器信号	—	—	—
15	红	CAN-L(CAN-低)	CAN 通信电路	—	—	—
16	灰	IG1(点火 1)	激活系统的电源	16-GND	点火开关至 ON(Ⅱ)	蓄电池电压
					关闭点火开关	0V

四、故障码检修

1. DTC 11-01：IG1 端子电压低/高(初始诊断)

(1) 打开点火开关至 ON(Ⅱ)。

(2) 使用 HDS 清除 DTC。

(3) 起动发动机。

(4) 等待至少 60s。

EPS 指示灯是否点亮？

是——进行第(5)步。

否——检查端子是否松动或连接不良。如果连接正常,则此时系统正常。

(5) 关闭点火开关。

(6) 断开 EPS 控制装置插头 D(28 芯)。

(7) 打开点火开关至 ON(Ⅱ)。

(8) 起动发动机。

(9)测量 EPS 控制装置插头 D(28 芯)的 16 号端子与车身搭铁之间的电压,如图 6-28 所示。

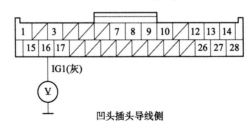

图 6-28 测量 EPS 控制装置插头 D(28 芯)的 16 号端子与车身搭铁之间的电压

电压是否在 9.63~16.6V 之间?

是——检查 EPS 控制装置插头端子是否松动,如必要进行修理。如果未发现连接不良,则更换 EPS 控制装置。

否——如果无电压或电压低于规定值,则排除发动机罩下熔断器/继电器盒内的 4 号熔断丝(7.5A)与 EPS 控制装置之间导线的断路故障或高电阻故障。如果导线正常,则检查 12V 蓄电池。如果蓄电池正常,则排除充电系统指示灯电路故障。

2. DTC 11-02:IG1 端子电压低/高(常规诊断)

(1)打开点火开关至 ON(Ⅱ)。

(2)使用 HDS 清除 DTC。

(3)起动发动机。

(4)等待至少 60s。

EPS 指示灯是否点亮?

是——进行第(5)步。

否——检查端子是否松动或连接不良。如果连接正常,则此时系统正常。

(5)关闭点火开关。

(6)断开 EPS 控制装置插头 D(28 芯)。

(7)打开点火开关至 ON(Ⅱ)。

(8)起动发动机。

(9)测量 EPS 控制装置插头 D(28 芯)的 16 号端子与车身塔铁之间的电压。

电压是否在 9.20~17.4V 之间?

是——检查 EPS 控制装置插头端子是否松动,如必要进行修理。如果未发现连接不良,则更换 EPS 控制装置。

否——如果无电压或电压低于规定值,则排除发动机罩下熔断器/继电器盒内的 4 号熔断丝(7.5A)与EPS控制装置之间导线的断路故障或高电阻故障。如果导线正常,则检查12V蓄电池。如果蓄电池正常,则排除充电系统指示灯电路故障。

3. DTC 12-01:VBU电压低/高(常规诊断)

(1)打开点火开关至ON(Ⅱ)。

(2)使用HDS清除DTC。

(3)打开点火开关至ON(Ⅱ)。

(4)使用HDS检查数据表(DATA LIST)中的电压(VOLTAGE)。

电压是否为9.2~17.4V?

是——检查端子是否松动或连接不良。如果连接正常,则此时系统正常。

否——进行第(5)步。

(5)关闭点火开关。

(6)检查发动机罩下熔断器/继电器盒内的1号熔断丝(70A)。

熔断丝是否正常?

是——重新安装熔断丝,并进行第(7)步。

否——更换熔断丝并重新检查。如果熔断丝熔断,则检查此熔断丝电路中接车身搭铁是否短路。

(7)断开EPS控制装置插头A(2芯)与插头D(28芯)。

(8)测量EPS控制装置插头A(2芯)的2号端子与车身搭铁之间的电压,如图6-29所示。

是——检查EPS控制装置插头端子是否松动,如必要进行修理。如果未发现连接不良,则更换EPS控制装置。

否——排除EPS控制装置与发动机罩下熔断器/继电器盒内1号熔断丝(70A)之间导线的断路故障。

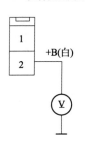

图6-29 测量EPS控制装置插头A(2芯)的2号端子与车身搭铁之间的电压

4. DTC 21-01:车速信号变化过大(常规诊断)

DTC 21-02:车速与发动机转速信号对比(常规诊断)

(1)关闭点火开关。

(2)举升起车辆前部,并使用安全支架将其支撑在适当位置,并允许所有车轮自由转动。

(3)将HDS连接至数据传输插头(DLC)。

(4)起动发动机,在D挡位测试车辆。

(5)使用HDS检查EPS数据表(DATA LIST)中的车速(VEHICLE SPEED)。

是否显示车速?

是——此时系统正常。

否——进行第(6)步。

(6)使用 HDS 检查自动变速器系统中的 DTC。

是否显示 DTC0721 或 DTC0722？

是——排除显示的 DTC 故障。

否——进行第(7)步。

(7)起动发动机,并检查转速表。

转速表是否运转正常？

是——进行第(8)步。

否——排除仪表控制模块故障。

(8)关闭点火开关。

(9)使用 HDS 短接 SCS 线。

(10)断开 PCM 插头 A(44 芯)与 EPS 控制装置插头 D(28 芯)。

(11)检查 EPS 控制装置插头 D(28 芯)1 号端子与 PCM 插头 A(44 芯)36 号端子之间的导通性,如图 6-30 所示。

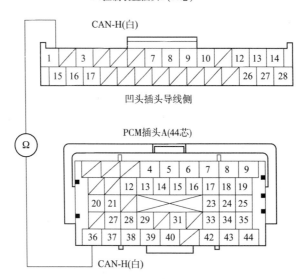

图 6-30　检查 EPS 控制装置插头 D 与 PCM 插头 A 相关端子的导通性

是否导通？

是——进行第(12)步。

否——排除 EPS 控制装置与 PCM 导线之间的断路故障。

第六章 混合动力汽车转向系统的构造与维修

(12)检查 EPS 控制装置插头 D(28 芯;15 号端子)与 PCM 插头 A(44 芯)37 号端子之间的导通性。

是否导通？

是——检查 EPS 控制装置插头端子是否松动,如必要进行修理。如果未发现连接不良,则更换 EPS 控制装置。

否——排除 EPS 控制装置与 PCM 导线之间的断路故障。

5. DTC 22-01:发动机转速信号(初始诊断)

说明:如果 MIL 指示灯点亮,则首先排除燃油与排放系统故障。

(1)关闭点火开关。

(2)将 HDS 连接至数据传输插头(DLC)。

(3)起动发动机。

(4)使用 HDS 检查数据表(DATA LIST)中的发动机转速(ENGINE SPEED)。

是否显示为 0r/min(min-1)？

是——进行第(5)步。

否——此时系统正常。

(5)关闭点火开关。

(6)断开 EPS 控制装置插头 D(28 芯)。

(7)起动发动机。

(8)检查 EPS 控制装置插头 D(28 芯)3 号端子与车身搭铁之间的导通性,如图 6-31 所示。

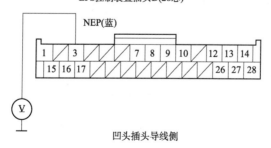

图 6-31　检查 EPS 控制装置插头 D(28 芯)3 号端子与车身搭铁之间的导通性

是否导通？

是——检查 EPS 控制装置插头端子是否松动,如必要进行修理。如果未发现连接不良,则更换 EPS 控制装置。

否——进行第(9)步。

(9)关闭点火开关。

(10)检查 EPS 控制装置插头 D(28 芯)的 3 号端子与车身搭铁之间的电压,如图 6-32 所示。

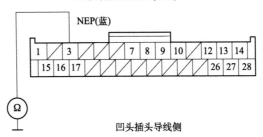

图 6-32 检查 EPS 控制装置插头 D(28 芯)的 3 号端子与车身搭铁之间的电压

是否导通?

是——排除 EPS 控制装置与 PCM 导线之间的短路故障。

否——进行第(11)步。

(11)使用 HDS 短接 SCS 线。

(12)断开 PCM 插头 A(44 芯)。

(13)检查 EPS 控制装置插头 D(28 芯)3 号端子与 EPS 控制装置插头 A(44 芯)28 号端子之间的导通性。

是否导通?

是——检查 PCM 插头 A(44 芯)端子是否松动,如必要进行修理。如果未发现连接不良,则更换 PCM。

否——排除 EPS 控制装置与 PCM 导线之间的断路故障。

参 考 文 献

[1] 赵航.混合动力电动汽车技术[M].北京:机械工业出版社,2013.

[2] 侯赛因(Iqbal Husain).纯电动及混合动力汽车设计基础[M].林程,译.北京:机械工业出版社,2012.

[3] 张金柱.混合动力汽车结构、原理与维修[M].2版.北京:化学工业出版社,2011.

[4] 李永,宋健.新能源车辆储能与控制技术[M].北京:机械工业出版社,2014.

[5] 李伟.新能源汽车构造原理与故障检修[M].北京:化学工业出版社,2015.

[6] 李瑞明.新能源汽车技术[M].北京:电子工业出版社,2014.

[7] 海洋.英菲尼迪UKDA-Y51油电混合动力系统构成和功能[J].汽车维护与修理:2014(1).

[8] 帅石金,欧阳紫洲,王志,等.混合动力乘用车发动机节能技术路线展望[J].汽车安全与节能学报:2016,7(1):1-13.

[9] 赵升吨,杨雪松,王泽阳,等.油电混合动力汽车及其关键技术探讨[J].汽车实用技术:2016,(7):20-22.

[10] 张安刚,许彦斌.汽车混合动力技术的发展现状及前景分析[J].军民两用技术与产品:2016(8).